新时代
广东创新实践案例

（第三辑）

XINSHIDAI GUANGDONG CHUANGXIN
SHIJIAN ANLI

中共广东省委党校（广东行政学院）　编

SPM
南方传媒　广东人民出版社
·广州·

图书在版编目（CIP）数据

新时代广东创新实践案例. 第三辑／中共广东省委党校（广东行政学院）编. —广州：广东人民出版社，2024.5

ISBN 978-7-218-17563-8

Ⅰ. ①新⋯　Ⅱ. ①中⋯　Ⅲ. ①区域经济发展—工作经验—广东

Ⅳ. ①F127.65

中国国家版本馆 CIP 数据核字（2024）第 088490 号

XINSHIDAI GUANGDONG CHUANGXIN SHIJIAN ANLI（DI-SAN JI）

新时代广东创新实践案例（第三辑）

中共广东省委党校（广东行政学院）　编　　

出 版 人：肖风华

出版统筹：卢雪华
责任编辑：伍茗欣　李宜励　舒　集
装帧设计：样本工作室
责任技编：吴彦斌

出版发行：广东人民出版社
地　　址：广州市越秀区大沙头四马路 10 号（邮政编码：510199）
电　　话：（020）85716809（总编室）
传　　真：（020）83289585
网　　址：http://www.gdpph.com
印　　刷：广州市豪威彩色印务有限公司
开　　本：787mm×1092mm　1/16
印　　张：13.75　字　　数：200 千
版　　次：2024 年 5 月第 1 版
印　　次：2024 年 5 月第 1 次印刷
定　　价：55.00 元

如发现印装质量问题，影响阅读，请与出版社（020-85716849）联系调换。
售书热线：020-87716172

编委会

Contents 目录

保护知识产权就是保护创新

——知识产权快速维权的中山古镇模式

中共广东省委党校（广东行政学院），中共中山市委党校（中山市行政学院、中山市社会主义学院）课题组①

【摘要】 中山市古镇镇是全国最大的灯饰生产销售中心，并在持续发展中辐射带动周边地区，形成了有较大影响力的产业集群。但随着产业规模扩大与结构转型升级，知识产权问题日渐显现：一方面，市场竞争日益激烈，产业更新迭代速度加快，创新设计亟须得到快速保护，而专利审查周期较长；另一方面，创新主体对知识产权保护的需求大幅增加，而原有的行政保护体系和执法体系却难以适应灯饰产业的发展特点和要求。

为推动灯饰产业的持续健康发展，中山市古镇镇在国家、省、市各级职能部门的支持下，于2011年成立了全国首个知识产权快

① 课题组成员：中共广东省委党校法学教研部张婷婷副教授、吴堉林副教授，研究实习员彭灏岳，中共中山市委党校赖光耀四级调研员、陈卫林教授撰写，并得到了中共中山市委党校副校长刘明，中山市古镇镇知识产权快速维权中心原主任蔡杰松，预审员苏婉兰、谢岚清的大力支持，特此致谢。

速维权机构——中山市灯饰知识产权维权中心，构建"一站式"知识产权快速保护机制，并建立知识产权纠纷多元化解决渠道，形成了"中山古镇模式"。在强化知识产权源头保护方面，构建包含外观设计专利审查备案准入制度、预审制度和绿色通道制度的快速授权机制，实现外观设计专利申请最快7个工作日内即可获得授权；在强化知识产权严格保护方面，构建由快速办理制度、调解优先制度和联合执法制度组成的快速维权网络；在强化知识产权共同保护方面，通过建立多元化解决机制、行政仲裁对接及行政司法衔接机制，并以司法审判作为最终救济手段，实现"快保护、严保护、同保护、大保护"的目标。2018年，应世界知识产权组织邀请，中山古镇代表在瑞士日内瓦世界知识产权组织会议上作了"工业品外观设计保护中山古镇模式研究报告"，知识产权保护的"中山古镇模式"被世界知识产权组织列为中国首个优秀案例。

围绕灯饰产业发展的需要，中山古镇不断加大知识产权保护力度，使得古镇的灯饰产业在全国乃至全世界的地位日益凸显。"中山古镇模式"是以习近平总书记"保护知识产权就是保护创新"的指示精神为指导，探索知识产权保护"放管服"改革路径的成功典范，为我国各级地方政府加强知识产权保护、推动产业可持续发展提供了借鉴——保护知识产权就是保护创新，要从当地产业发展的实际出发，以制度创新加强知识产权保护，以快速响应的知识产权保护机制激励产业创新，以市场化法治化的营商环境推动产业高质量发展。

【关键词】中山古镇模式；知识产权保护；创新

习近平总书记指出："创新是引领发展的第一动力，保护知识产权就是保护创新"。① 党的二十大报告明确提出，要"加强知识产权法治保障，形成支持全面创新的基础制度"②。广东省委、省政府高度重视知识产权保护工作，全力推进知识产权强省建设，推动广东省知识产权保护工作继续走在全国前列。中山市古镇镇坚持以习近平总书记"保护知识产权就是保护创新"的指示精神为指导，按照省委"1310"具体部署要求，把科技创新作为重中之重，推动创新落到产业上、企业上、发展上，着力构建集专利申请、行政维权、司法诉讼和仲裁调解等功能于一体的"一站式"知识产权保护服务体系，形成了知识产权保护的"中山古镇模式"，发挥了中小企业科技创新知识产权保护的示范效应。

一、背景情况

（一）古镇镇灯饰产业发展总体情况

古镇镇位于广东省中山市西北部，是中山、江门、佛山三市的交汇处，全镇总面积 47.8 平方公里。改革开放以来，该镇大力支持、指导灯饰产业发展，产业规模迅速扩大，逐步形成了以该镇为中心、覆盖周边三市 11 镇、年产值超千亿元的灯饰产业集群。经过 40 多年的发展，灯饰产业不但一跃成为古镇镇的龙头产业，而且还促使当地成立了国内最大的灯饰专业生产基地和批发市场，占全国市场份额的 70% 以上。古镇灯饰产品供应中国港澳台地区以及出口东南亚、日本、美国及欧洲等 190 多个国家和地区，享有较大的知名度和美誉度，成为世界性几大灯饰专业市场

---

① 《全面加强知识产权保护工作　激发创新活力推动构建新发展格局》，《人民日报》2020 年 12 月 2 日。

② 《习近平著作选读》第 1 卷，人民出版社 2023 年版，第 29 页。

之一，是闻名国内外的"中国灯饰之都"。

（二）灯饰产业快速发展下知识产权保护的新挑战

随着灯饰产业发展壮大，产业聚集效应增强，具有外观设计快速迭代特点的产业竞争已经从低价同质竞争升级为设计创新竞争，创新主体对灯饰相关的知识产权申请、保护、维权的需求大幅增加。同时，灯饰产品外观创新设计的生命周期短，市场竞争激烈，短则十多天，长也不过两三个月，一盏新款灯饰销售的生命周期往往只有 3 个月左右。然而，彼时的外观设计专利审查周期较长，一般的审批程序需要半年左右，严重滞后于灯饰产品更新换代的速度，直接导致产品在市场中遭遇侵权之时，企业因迟迟未获得授权而无"权"可维，严重挫伤企业创新外观设计及申请专利的积极性，也间接助长了侵权行为。因此，原有行政保护和执法体系已经无法适应灯饰产业发展要求。

（三）"中山古镇模式"应运而生

2008 年 6 月，国务院印发《国家知识产权战略纲要》，为我国知识产权事业发展规划了路线图，明确了时间和任务。同时，广东省委、省政府在全国率先提出，要实现从知识产权大省向知识产权强省跨越。中山古镇镇政府在深入调查研究的基础上，提出设立中山市灯饰知识产权维权中心，探索开展集"快授权、快维权、快协调"为一体的古镇外观设计专利保护工作，并得到了各级知识产权行政管理部门的快速响应和有力支持。在国家层面，国家知识产权局调研组多次到古镇实地考察，充分了解古镇灯饰产业外观设计专利申报审查的实际需求；在省级层面，广东省知识产权局充分利用高层次知识产权战略合作会商平台，将灯饰知识产权快速保护工作纳入年度合作工作安排，向国家争取对中山古镇开放更多资源，牵头和协助解决建设过程中的难点问题；在市级层面，中山市知识产权局大胆创新，委托古镇镇政府行使灯饰领域的专利行政执法权，将维权保护职能铺设到基层。

在各级知识产权行政管理部门的支持下，2011 年，中山市灯饰知识产权维权中心（简称"中山快维中心"）正式成立，成为全国首个知识产权快速维权机构。此后，国家、省、市各级各部门简政放权，开启了以知识产权行政管理为主导和保障的外观设计专利保护"中山古镇模式"的新征程。2014—2023 年，广州仲裁委员会中山商事调解中心、广州知识产权法院中山诉讼服务处、中山海关知识产权保护工作室、中山知识产权人民调解委员会、中山市检察机关知识产权保护工作室、广州知识产权法院（中山）巡回审判法庭等相继成立并入驻中山快维中心，多举措简化企业维权流程，大大提高维权效率，充分维护权利人的权益。2021 年 1 月，中山快维中心获得国家知识产权局关于增设实用新型专利快速预审试点工作的批复，走上了快维中心 2.0 版本的全新探索之路。自此，中山快维中心构建了"一站式"知识产权快速保护机制，建立了知识产权纠纷多元化解决渠道，形成了以知识产权行政管理为主导和保障、以"快授权、快维权、快协调"为主要保护机制的"中山古镇模式"。

中山快维中心成立以来，取得了多项成效。2012 年，"灯饰行业知识产权快速维权试点工作"入选年度全国知识产权保护十个重大事件；2013 年，中山快维中心被评为"国家知识产权战略实施工作先进单位"；2018 年，应世界知识产权组织邀请，中山代表在瑞士日内瓦世界知识产权组织会议上作了"工业品外观设计保护中山古镇模式研究报告"，知识产权保护的"中山古镇模式"被世界知识产权组织列为中国首个优秀案例；2020 年，司法部授予中山市古镇镇人民调解委员会专项活动表现突出集体的荣誉称号；2021 年，中山快维中心专利侵权纠纷行政裁决建设经验获国家知识产权局、司法部联合发文推广；2022 年，中山快维中心实用新型专利快速预审试点顺利通过国家知识产权局验收，打造知识产权保护和综合服务的"中山模式"项目成功入选全国第二批法治政府建设示范项目。

有了中山快维中心的保驾护航，古镇灯饰企业信心大增，新产品、新技术层出不穷，产业发展不断迈上新台阶。2023 年，该镇拥有灯饰及其配件工商企业近 4 万家，灯饰产业总产值达 151 亿元人民币，出口总额 84.38 亿元；拥有中国驰名商标 3 个，广东省著名商标 10 个。服务灯饰产业发展的设计与技术创新中心、产品检测认证机构、物流产业、电子商务平台、金融机构、行业媒体等产业配套行业也迅速繁荣发展，构成十分完整的灯饰产业链，形成"产供销一条龙、上下游配套协作"的大格局。

二、主要做法

（一）建立快速授权机制，激发企业创新活力

为提升中山古镇灯饰产业外观设计专利申请审批速度，2012 年 6 月，国家知识产权局在中山快维中心建立快速授权机制，外观设计专利快速授权工作正式启动。中山古镇灯饰产业集群内符合条件的灯饰外观设计专利申请，由中山快维中心先行预审后，进入国家专利审查流程和快速授予专利权的政策通道。中山快维中心通过建立备案准入制度、预审制度和绿色通道制度，实现 7 个工作日可完成外观设计专利申请的授权，满足古镇灯饰产业对快速授权的强烈需求，确保行政服务能够跟上企业创新发展的速度。自中山快维中心成立以来，通过快速通道的专利申请累计超 2 万件，授权率接近 100%。另外，为积极回应产业转型升级、企

业技术创新需求，中山快维中心主动谋划，积极向国家知识产权局、省市申请开通实用新型专利快速预审试点通道，2021年1月获批下放实用新型专利快速预审权限，2022年试点顺利通过国家知识产权局验收。

一是建立备案准入制度。为方便中山灯饰产业集群内的灯饰企业和个人快速获得外观设计专利授权，根据企业创新状况、知识产权管理情况等不同情况设置准入条件，建立采用自愿申请、备案审查的备案准入制度。个人或在中山注册成立并具备知识产权管理制度的企业，均可通过中山快维中心申请外观设计专利。在资源有限的情况下，设置准入条件，有效筛选出有真实需求的企业和个人进入快速授权通道，极大地便利了创新主体。

二是建立预审制度。为保障快速授权的顺利进行，中山快维中心组建具有外观设计专业知识的外观设计预审队伍，根据《中华人民共和国专利法》及《中华人民共和国专利法实施细则》的规定，对灯饰外观设计专利申请进行形式审查的预审工作，并在数据库中进行新颖性检索。符合条件的，进入国家知识产权局外观设计审查部的绿色通道，加快审查和授权；否则，转为普通的申请进入常规程序。预审制度的建立既实现了外观设计专利的快速审查授权，又保障了专利授权的合法性以及提高了专利授权的稳定性。

三是建立绿色通道制度。对于预审审查合格的外观设计专利申请，进入国家知识产权局快速授权通道，由国家知识产权局发出授权通知书，通常7个工作日内即可获得授权。这一举措极大地缩短了授权时间，有效激发了灯饰创新主体的创新热情和知识产权保护积极性，防止创新成果流失。

（二）建立快速维权机制，为企业创新保驾护航

为满足中山灯饰企业日益增长的专利维权需求，中山市市场监督管理局依据有关规定，创新管理方式，将灯饰领域的专利行政执法权委托古镇镇政府行使，将专利的维权保护网络覆盖到古镇灯饰产业一线，构建了由快速办理制度、调解优先制度和联合维权与执法制度组成的快速维权机制，实现专利侵权纠纷案件从立案受理、调查取证、举证答辩、调解或移送司法程序 1 个月内结案。2020 年以来，中山作为全国知识产权行政裁决示范创建单位，共完成专利行政裁决案件 368 宗，其中 3 宗案例被列为全国知识产权系统典型案例。2021 年 3 月，中山市构建行政裁决案件多元化纠纷化解"一站式"平台工作经验被司法部和国家知识产权局向全国推广。

一是建立快速办理制度。为提高维权效率，中山快维中心采取一系列创新措施，依托外观设计检索平台以及外观设计专利预审员、知识产权执法人员和侵权判定专家等专业人员，建立了由快速取证、快速审理、快速结案和专家意见组成的快速办理制度。针对外观设计专利权人的维权诉求，中山快维中心依法快速立案、开展调查取证，对涉案专利快速判断、快速审理、快速结案。对于个别复杂案件，结合外部专家出具的意见和实际情况后，再作出合法合理的决定。

2018 年，中山快维中心上线使用"中山灯饰知识产权快速维权业务系统"，一方面通过互联网及时接收维权援助申请和举报投诉、外观设计专利加快申请并进行处理，做到快速反应、快速处理、快速反馈；另一方面自动化流转处理业务，提高业务工作的规范性和处理效率。同时，开通了中山快维中心的网站，使公众方便快捷获取办事指南、业务动态等知识产权服务信息。

二是建立调解优先制度。2017 年，中山知识产权人民调解委员会在中山快维中心成立；2021 年 11 月，中山市中级人民法院、中山知识产权人民调解委员会就调解知识产权纠纷案件签订诉调对接合作机制框架协议。对于中山市中级人民法院受理的知识产权纠纷案件，中山市中级人民法院在立案前、诉讼中委派或委托中山知识产权人民调解委员会进行调解。当事人通过中山知识产权人民调解委员会调解达成调解协议，申请出具调解书或进行司法确认的，由中山市中级人民法院依法审查决定是否出具民事调解书或司法确认裁定书。经调解未能达成调解协议的知识产权纠纷，由中山市中级人民法院依法转入立案程序或继续审理。

中山快维中心秉承调解优先原则，协助履行行政裁决职能。对于认定侵权的案件，中山快维中心工作人员结合当事人意愿，积极组织双方当事人进行调解，促成双方和解，化解知识产权纠纷，乃至进一步达成商业合作。对于调解不成的，中山快维中心协助作出专利侵权纠纷行政裁决，协助认定侵权行为是否成立。通过以"调解前置"为核心的维权模式，促成专利侵权纠纷的快速解决，充分发挥了化解民事纠纷的"分流阀"作用。①

三是建立联合维权与执法制度。针对市场流通环节侵权高发的灯饰展会、灯饰电商平台等，古镇建立多角度、跨区域联合执法制度，快速解决市场流通环节的外观设计专利侵权问题。第一，

---

① 疫情防控期间，为解决双方当事人无法现场调解的困境，中山快维中心灵活组织三方线上调解视频会议并促成调解协议。通过组织这种"零接触"的线上调解，成功解决了 5 宗以上专利纠纷案件，企业纷纷赞许这种模式，中心也实现疫情防控期间纠纷案件无积压、便民调解服务不"打烊"。

展会现场维权。中山快维中心在古镇灯博会和灯饰配件展会的现场设立知识产权工作小组，由专业人员现场提供知识产权咨询服务，接受现场投诉。自 2011 年成立以来，中山快维中心坚持每年在"中国·古镇国际灯饰博览会"期间，设立知识产权工作服务站开展知识产权维权工作，截至 2023 年底，共现场快速处理了 269 宗涉嫌侵犯知识产权的投诉。第二，开设电商平台维权通道。中山快维中心开设电商平台专利快速维权通道，与"灯灯网"等电商平台签订合作协议，构建线上案件快速处理流程、线上转线下案件衔接、线上证据保存三大衔接机制，提升了案件移送与执行的效率，保障专利权人的合法权益。第三，跨区域协作执法。古镇灯饰产业辐射范围广，中山市周边区域也有灯饰外观设计专利的维权需求。在广东省知识产权局牵头下，中山市联合佛山市、江门市建立跨区域专利行政执法协作机制，凡是属于协作区域管辖的案件均可投诉至中山快维中心。跨区域行政执法协作大大降低了维权的时间成本和经济成本，为企业发展营造了良好法治环境。第四，建立重大案件协调机制。作为灯饰产业专利行政执法协调主体，中山快维中心多次协调专利、版权、市场监管等部门开展行政协调与联合执法活动，克服单一机构执法力量不足的问题。同时，为加大对知识产权案件查处力度，古镇镇于 2015 年成立了全国首支打击知识产权犯罪侦查中队，中山快维中心认真配合该中队的侦查工作，维护市场秩序。

典型案例

　　某外观设计专利的专利权人发现古镇镇某大型卖场的一个灯饰门市所展示的一款吊灯与其专利产品外观酷似，涉嫌侵犯其专利权。但案涉灯饰门市认为，涉案专利的整体造型为长方形，三层的厚度一样，而己方的产品为正方形，且上下层相较于中间层较薄，不构成侵犯专利权。中山快维中心依据《专利行政执法办法》相关规定，经过现场调查取证、详细核实双方证据、依法送达法律文书、尝试审前调解、三人合议组口头审理等程序，在双方事实陈述、举证质证、庭审辩论的基础上，对双方产品及所提交证据进行对比、分析后，认为灯饰门市销售的产品与涉案专利的差异不足以使一般消费者区分两者，根据"整体观察，综合判断"原则，灯饰门市侵权行为成立。中山快维中心依法作出行政裁决决定：责令该灯饰门市立即停止许诺销售侵权产品，且不得以其他形式将侵权产品投放市场。此案的处理，体现了中山快维中心快速审理、调解优先的快速维权模式，从接受委托到作出行政裁决，用时不足 30 天，有效保障了专利权人的合法权益，维护了市场竞争秩序，为保护和鼓励创新提供了良好的法治环境。

（三）建立快速协调机制，打造知识产权大保护工作格局

中山快维中心牵头，加强与法院、检察院、海关、公安等单位以及行业协会之间的协调，通过构建行业协调机制、仲裁衔接以及司法衔接的协调防线，形成司法保护、行政保护、调解仲裁、社会监督"四轮驱动"的知识产权大保护工作格局。先后成立广州仲裁委员会中山商事调解中心（简称"仲裁调解中心"）、中山海关知识产权保护工作室、中山知识产权人民调解委员会、中山市检察机关知识产权保护工作室、广州专利代办处中山服务站和广州知识产权法院（中山）巡回审判法庭等保护平台，并以司法审判作为最终救济手段，实现"快保护、严保护、同保护、大保护"目标。

一是建立行业协调机制。一方面成立照明电器行业协会，协调同行业之间的利益，维护会员企业合法权益和行业整体利益，沟通行业之间或行业与政府之间的关系，并建立行业诚信体系、行业共商机制；另一方面成立灯饰知识产权联盟，打造信息沟通平台，整合知识产权资源，发挥行业调解功能，建立与政府、媒体的沟通和对话机制。

二是建立仲裁衔接机制。中山快维中心与仲裁调解中心建立仲裁衔接机制，实现案件分流、调解确认和信息共享。中山快维中心收到知识产权侵权投诉或调解申请后，首先对当事人进行立案调解，未达成调解协议的，双方当事人可向仲裁调解中心申请仲裁，由中山快维中心移送案件；或者立案前直接指引当事人选择将案件提交仲裁调解中心。对于当事人自愿达成调解协议的，中山快维中心引导其向仲裁调解中心申请法律确认。仲裁衔接机制的建立，大大节省当事人的时间和经济成本，有效提高仲裁调解案件结案率。

三是建立司法衔接机制。2015年，为满足广大企业对知识产权司法保护的迫切需求，帮助企业就近维权，降低维权成本，广州知识产权法院中山诉讼服务处在中山快维中心设立。2020年，中山快维中心主动争取、多方协调，在广州知识产权法院、中山市人民政府、中山市中级人民法院和中山市市场监督管理局的大力支持下，广州知识产权法院中山诉讼服务处升格为广州知识产权法院（中山）巡回审判法庭。目前，广州知识产权法院（中山）巡回审判法庭已全面实现远程立案、证据互认、巡回庭审、调解、司法确认等功能。

对于在中山快维中心达成的和解协议和调解协议，根据当事人申请，可以直接移交法院进行司法确认，将调解协议或和解协议转变成具有法院执行力的调解书。如果一方当事人不履行，另一方当事人可以根据调解书申请法院强制执行。中山快维中心在程序上与法院无缝对接，法院司法确认后将相关文书送中山快维中心备案。

（四）优化公共服务体系，强化知识产权保护意识

在专利申请方面，为满足灯饰企业对专利情报的需求，中山快维中心利用"中国外观设计智能检索系统"和商业专利数据库提供公益检索服务，每年约有3000人次接受该服务。同时，中山快维中心还积极为企业提供年均20次的外观设计信息推送服务，帮助企业掌握行业发展动态、缩短研发时间、避免重复劳动，有益于企业调整优化、转型升级。

在知识产权维权方面，为解决外观设计案件的侵权判定难的问题，中山快维中心从产品设计、专利申请、法律服务、维权机构等众多领域聘任66名专家提供侵权判定咨询服务，每年因案件出具的专家意见书在30份左右，咨询服务超200人次，有效地保障了快速维权机制的运行。同时，中山快维中心还开通"12330"知识产权维权援助和举报投诉电话，组建知识产权维权援助志愿者队伍，并对具有较大影响的涉外知识产权纠纷以及有困难的企业提供一定的帮助，为众多的中小微企业维权提供可靠的援助措施。另外，在广东省知识产权局的委托下，中山快维中心实施知识产权涉外应对指导服务项目，为企业搭建知识产权海外维权联络平台、组建知识产权涉外应对专家库、邀请海内外知名知识产权专家举办研讨会，不定期邀请知识产权专家到古镇开设"专家门诊"，解决企业知识产权涉外应对的"疑难杂症"，提高古镇企业知识产权涉外应对的能力。

在知识产权转化方面，通过建立广东省（灯饰照明）知识产权运营中心，为古镇灯饰产业提供了一个多样化的展示交易平台以及多层次的融资平台，促进高质量的专利技术整合孵化；依托中山市古镇镇创新设计中心和金融服务体系，为古镇创造日益完善的知识产权运营环境，全力助推灯饰产业转型升级。

此外，为持续提升企业政务服务便利度、不断优化营商环境，2022年，古镇镇政务服务大厅推出了"灯都帮办"服务，将每周五定为政务服务"上门日"，变"企业跑"为"政府跑"，主动为镇内企业提供导办或代办服务，全程跟进和及时反馈知识产权保护、项目审批进展情况等相关工作，推动知识产权相关政务服务提质增效。

（五）开展知识产权文化培育，营造良好社会氛围

一是加强宣传普及。为了更加深入宣传知识产权文化，以知识产权助推经济发展，中山快维中心以每年的"3·15"国际消费者权益日、"4·26"世界知识产权日等为契机举办知识产权宣传活动，围绕特定的主题进行宣传，推动企业和产业有意识地将知识产权和经济发展相结合，推动古镇灯饰产业向高端化发展。中山快维中心还通过举办外观设计创意大赛、协助举办侵犯知识产权产品销毁活动等专项宣传活动，促使企业认识到知识产权保护创新的重要性，并配合媒体做好专题采访宣传，扩大古镇灯饰影响力，向外界宣传推广古镇知识产权保护经验，展示出"中国制造"的良好形象。

二是开展教育培训。中山快维中心将普及教育与专业培训相结合，从普及知识产权学校教育的基础出发，结合中山市知识产权事业发展的需要，针对不同工作人员开展知识产权专业培训。

通过开展知识产权进校园、与灯饰设计学院的知识产权对接服务等项目，提高学生知识产权意识、营造良好的知识产权校园文化、促进校园知识产权创新。

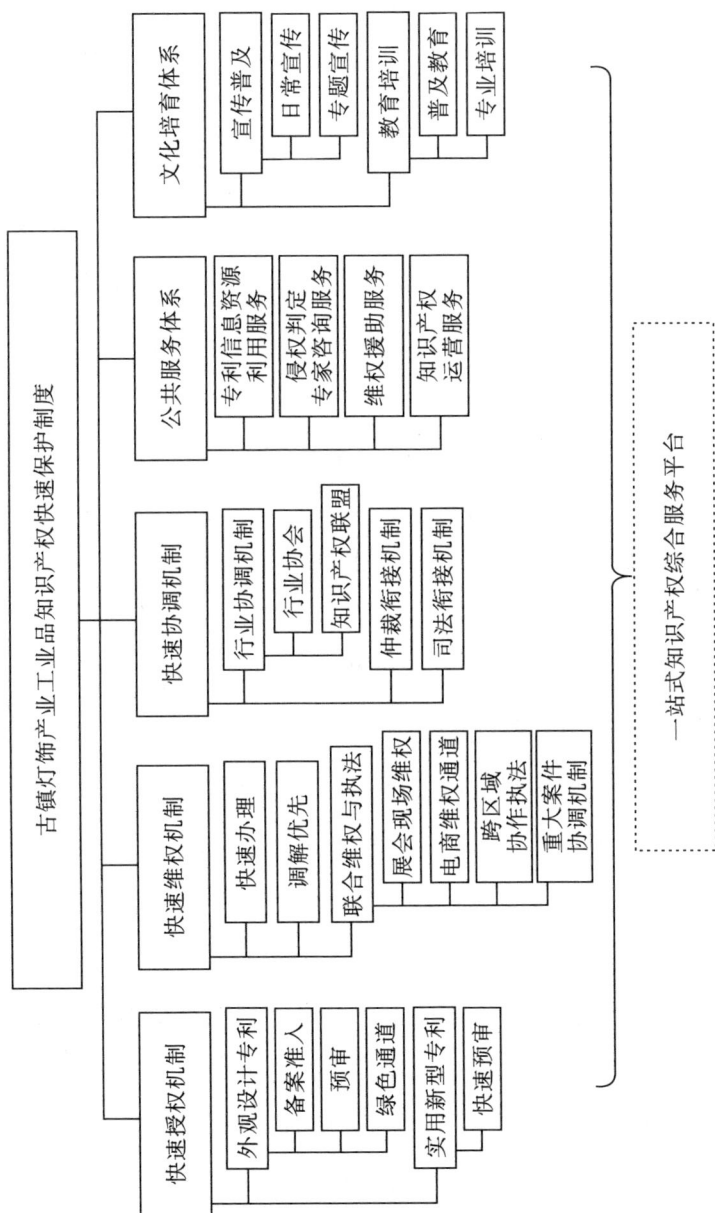

"中山古镇模式"的制度内容

在专业培训方面，中山快维中心每年邀请国内外知识产权领域的专家，通过知识产权培训、研讨会或论坛等多种形式，探讨灯饰产业的发展、中外知识产权规则、知识产权保护和运营问题，为古镇培养一批理论功底扎实、实践经验丰富的知识产权人才，帮助企业遵守知识产权规则，运用知识产权工具，融入全球商业链条。

三、经验启示

省委"1310"具体部署要求营造崇尚创新、鼓励创新、勇于创新的浓厚氛围，把科技创新作为重中之重，创造性抓落实，激活创新动力，再造发展活力新优势。知识产权运用和保护是激励创新的基本手段、创新原动力的基本保障，其作用正不断彰显。知识产权保护的"中山古镇模式"牢牢抓住中小企业集聚化发展的特点，对共性产业进行知识产权集中保护、快速保护，崇尚和鼓励创新，探索知识产权保护"放管服"改革路径，为有效保护企业知识产权、激活创新动力提供了有益的经验与启示。值得一提的是，这一成功经验已获得国家知识产权局认可和推广，目前，全国已设立"中国义乌（小商品）""中国汕头（玩具）"等30家符合产业集群发展需要的知识产权快速维权中心，在打造法治化营商环境、保护和鼓励创新、推动产业高质量发展方面发挥着日益重要的作用。

（一）审时度势的制度创新是知识产权有效保护的重要前提

针对灯饰产业及市场更新换代快、灯饰设计周期短、传统专利授权周期长等特点，中山市古镇镇在国家知识产权局、中山市委以及市政府的有力支持下，审时度势，因势利导，主动适应市场"快"的需求，既普惠式地提供知识产权"一站式"服务，又兼顾企业个性化需求，进行一系列知识产权保护的制度创新。一方面，在现有法律框架下，积极出台引导政策，制定行政措施，构建快授权、快维权、快协调的"一站式"知识产权保护机制。另一方面，充分考虑市场对知识产权保护的个性化需求，同时基于具体产业的共性，设立"小而全"的知识产权快速维权中心，对出现的知识产权问题提供预先的解决方案，从而缩短专利审查周期，降低专利维权的时间和经济成本。

（二）快速响应的知识产权保护模式是产业创新的重要动力

知识产权制度的本质是通过保护产权形成激励机制，为权利人提供持久的创新动力。高度产业集聚的镇区良性发展离不开差异化的创新，而创新离不开良好的知识产权保护。立足当地产业特色和企业需求，因地制宜构建适应当地产业发展的知识产权保护模式，是推动企业创新的动力源泉。针对灯饰产业产品更新换代快、外观设计易被模仿的特点，"中山古镇模式"建立了快速响应的知识产权保护机制，为激发企业创新活力提供了重要动力，让灯饰产业从仿制抄袭走向自主创新。一方面，通过构建"快授权"机制，大幅度提升专利审查的效率，严格把关专利申请质量，强化源头保护，使得企业产品进入市场之初即披上坚实的知识产权保护"铠甲"，能够推动创新成果实现价值、获取利益；另一方面，通过构建"快维权""快协调"机制，提升知识产权执法维权效率，有效降低企业维权成本，让专利权人从维权之累中解脱出来，为企业赢得了市场发展时间和产业创新空间。

（三）市场化法治化营商环境是产业高质量发展的重要保障

创新是引领发展的第一动力，有效的知识产权保护机制不仅对创新成果进行产权界定，而且对创新产业进行合理的资源配置，营造市场化、法治化的产权交易环境，使创新成果合法、有序地进入市场，充分实现生产力转化。"中山古镇模式"面向县域（镇区）产业集群产品更新快、维权需求强烈的领域，提供知识产权保护"一站式"综合服务，通过行政保护与司法保护衔接协调，为当事人就近提供优质全面、高效便捷的诉讼服务，迅速打造成市场化、法治化的营商环境。同时，以司法审判作为最终救济手段，将知识产权专门审判服务送到"家门口"，对于中山打造知识产权强市、优化营商环境发挥了更加全面便捷的司法保障作用。这一模式为产业内形成良性竞争格局，推进产业集聚区企业形成创新驱动发展的成长态势，提高产业发展的质量和效益提供了重要保障。

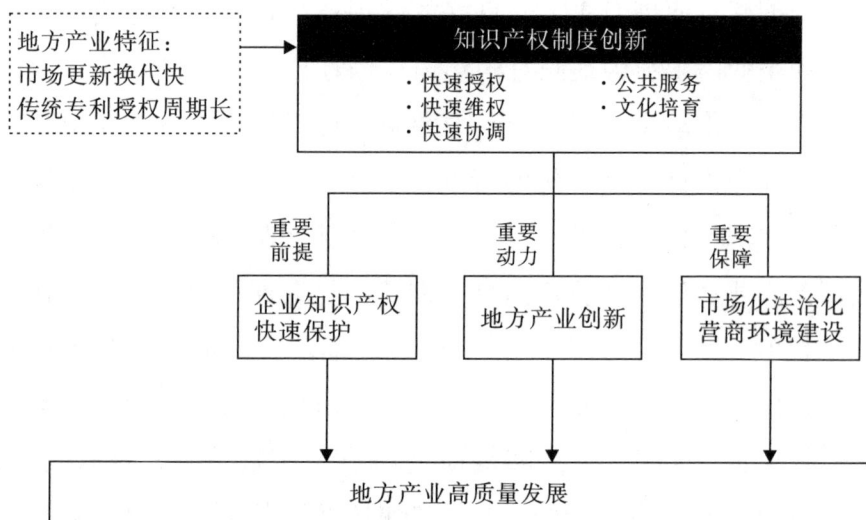

"中山古镇模式"的经验启示

【思考题】

1. 知识产权保护的"中山古镇模式"的核心理念是什么？

2. "中山古镇模式"如何把握效率和公平的平衡？

3. "中山古镇模式"的哪些经验可以衔接到推动地方产业转型升级上？

下功夫解决区域发展不平衡问题

——珠江口东西两岸融合互动发展的中山探索

中共广东省委党校（广东行政学院），中共中山市委党校（中山市行政学院、中山市社会主义学院）课题组①

【引言】2018年10月，习近平总书记在视察广东时强调，要加快形成区域协调发展新格局，做优做强珠三角核心区。② 2023年4月，总书记亲临广东视察时指出，广东要下功夫解决区域发展不平衡问题③。过去珠江口东西两岸融合互动发展进度缓慢，发展不平衡、不充分、不协调问题突出，呈现出"东强西弱"的态势。广东省中山市认真贯彻习近平总书记视察广东重要讲话、重要指示精神，落实省委"1310"具体部署，推动深中一体化融合发展，积极探索珠江口东西两岸融合互动发展的"中山实践"。

---

① 课题组成员：中共广东省委党校李良艳、曾小龙；中共中山市委党校郑劲超、黎昭权、董一军、田易凡。感谢中山市在课题调研和资料收集等方面提供的支持。

② 《高举新时代改革开放旗帜　把改革开放不断推向深入》，《人民日报》2018年10月26日。

③ 《坚定不移全面深化改革扩大高水平对外开放　在推进中国式现代化建设中走在前列》，《人民日报》2023年4月14日。

【摘要】珠江口东岸"深莞惠"、西岸"珠中江"的长期发展不平衡，是广东省区域发展不平衡问题的重要表现。2022年珠江口东岸地区生产总值达4.90万亿元，西岸地区生产总值只有1.15万亿元，东岸是西岸的4.28倍，两岸相差悬殊。2019年2月实施的《粤港澳大湾区发展规划纲要》明确提出要"提高珠江西岸地区发展水平，促进东西两岸协同发展"。广东省委2022年6月批复中山市建设"广东省珠江口东西两岸融合互动发展改革创新实验区"，这是广东省第一个以区域协调发展为主题的改革创新实验区，旨在加快推动珠江口东西两岸融合互动发展。

中山市勇担时代重任和历史使命，2022年8月即对改革创新实验区的建设作全面动员、专题部署。中山市积极探索的主要做法包括以体制机制的建立健全为抓手、以"六个一体化"为突破口、以土地节约集约利用改革为重点等，在珠江口东西两岸融合互动发展方面已取得一定成效和经验启示。珠江口东西两岸融合互动发展要始终坚持以习近平总书记关于区域协调发展的重要论述为思想引领，高质量构建区域经济发展新格局；要以有为政府更好发挥积极作用推进区域协调发展，实现融合互动从"低效失衡"向"高效协调"转变；要以系统性观念谋划区域协调发展，实现融合互动从"物理联通"向"化学融合"转变。

【关键词】区域发展不平衡；珠江口东西两岸；融合互动发展；深中一体化

一、背景情况

位于珠江口西岸的中山市地处粤港澳大湾区几何中心，东眺深港，北连广佛，南邻珠澳，西接江门和粤西腹地，拥有得天独厚的地理优势。改革开放后，中山引领风气之先，完成从农业大县到工业大市的蜕变，奠定了"工业立市"的基础，曾是"广东四小虎"之一，"中山制造"闻名全国，"一镇一品"特色鲜明，工业门类齐全，形成了装备制造、电子信息、白色家电3个千亿级以及8个百亿级产业集群。然而，中山市前些年出现了经济发展动力明显不足的问题，2022年的地区生产总值仅3631.28亿元，居广东省第10位，在深圳、广州、佛山、东莞、惠州、珠海、茂名、江门、湛江之后。这在一定程度上反映了珠江口东西两岸的发展不平衡、不协调问题，东岸"深莞惠"与西岸"珠中江"呈现"东强西弱"的发展悬殊，2022年的地区生产总值分别是4.90万亿元、1.15万亿元，前者是后者的4.28倍。造成中山市出现这种问题的原因，既包括跨市的交通基础设施、交流合作机制等不健全，也包括中山市营商环境、创新能力、公共服务、规划布局、土地利用等自身要素有待进一步优化。比如，土地利用方面，土地瓶颈已经成为制约中山市高质量发展"牵一发而动全身"的不利因素。一是近40%的建设用地开发强度已经超过国际红线，其中8个镇街高于50%，最高达86.9%。二是工业用地碎片化程度高，全市33.7万亩工业用地中，近七成地块面积小于10亩/宗。三是土地利用低效，全市工业用地平均容积率0.97、亩均税收仅约10万元，"散乱污"企业集聚，导致产业转型升级步伐缓慢、制造业发展后劲不足和竞争力不强、大企业和大项目严重缺乏建设用地。过去，正是在内外部因素的综合作用下，珠江口东西两岸的融合互动发展尚未取得决定性成效，深圳对中山的辐射带动作用更未得到充分发挥，中山市的高质量发展受到明显制约。

随着深中通道即将通车，南珠中城际顺利动工，中山迎来了改革开放以来又一次重大历史机遇。2022 年 6 月，广东省委批复中山建设"广东省珠江口东西两岸融合互动发展改革创新实验区"，作为全省首个以区域协调发展为主题的改革创新实验区，中山将担当起为珠江口东西两岸融合互动发展探路的历史重任。深中通道是中山对接深圳、走向世界的黄金大道，实验区是中山对接深圳、走向世界的无形之桥。面对这些前所未有的发展契机，中山市将建设改革创新实验区作为其直面问题、攻坚克难、凤凰涅槃和迈向高质量发展的重大机遇和主要抓手。抢抓重大历史机遇、推进实验区建设，最重要的就是推进"六个一体化"，加快深中一体化融合发展，努力推动珠江口"黄金内湾"规划建设。

2022 年 10 月，深圳市人民政府与中山市人民政府签署《深圳市中山市战略协作框架协议》，同步印发《深圳中山战略协作第一批重点事项（项目）清单表》，首批 44 个合作事项取得扎实成效。在营商环境方面，推进深中政务服务"跨城通办"，超 400 个政务服务事项实现"深中通办"，电子证照实现"深中互认"；开展大湾区组合港试点，深中组合港航线累计达 8 条。在产业协作方面，建设翠亨新区马鞍岛、产业链专业协作基地（深中合作创新区）、高端制造合作基地、文化与科技合作基地等 4 个片区，面积约 66 平方公里，有望为大湾区产业"强链、稳链、固链、补链"和一体化融合发展提供样板示范。在交通设施方面，推进高速公路、轨道交通、公共交通、水上交通等基础设施衔接转换能力建设，打造珠江口西岸高效、便捷、顺畅的综合交通枢纽体系。在科技创新方面，推动创新平台联动发展，开展协同创新及成果转化，推动科技金融创新合作。在社会治理方面，探索共建深中高端人才共享社区，协同推进教育、医疗等公共服务设施建设。在规范协同方面，加强深中都市圈与珠江口西岸城市合作，加快珠江口东西两岸融合互动发展。

二、主要做法

（一）以体制机制的建立健全为抓手，强化融合互动发展的使命担当

坚持深入谋划，建立高效协调推进机制。中山市成立由市委书记任组长、市长任副组长的深中一体化发展工作领导小组，下设由分管市领导任组长、相关部门牵头的 6 个专责小组。坚持突出重点，凝聚深中融合发展强烈共识。建立深中互访交流合作机制，两地会商签订了"短期见成效、长期可持续"的《深圳中山战略协作第一批重点事项（项目）清单表》。坚持问题导向，构建强有力的政策体系。聚焦深中"六个一体化"起草实施方案，制定《中山市实施"东承、西接、南联、北融"一体化融合发展战略三年行动方案》、6 个专责小组行动方案等 13 份配套政策文件。坚持全面融合，携手湾区城市推动珠江口一体化高质量发展。与广州等地共同商定 66 项融合发展重点工作，申请建设海峡两岸经济文化交流合作示范区，谋划共建香港—中山高质量发展合作区。

为推动深中一体化融合发展，着力促进珠江口东西两岸融合互动发展，2022 年以来，深中两市党委、政府互动频繁。2022 年 8 月，中山市党政代表团赴深圳考察，提出与深圳探索营商环境、产业、交通基础设施、科技创新、公共服务和社会治理、城市规划"六个一体化"，为大湾区一体化高质量发展破题探路。深圳市委、市政府高度重视并表示将全力支持深中"六个一体化"工作谋深做实。2022 年 10 月，深中两市政府签署战略协作框架协议，明确聚焦营商环境、产业协作、交通设施、科技创新、公共

服务和社会治理、规划协同等六个领域推进一体化融合发展，共同谋划推进一批"短期见成效、长期可持续"的协作事项。配套两市战略协作协议，两市同步推出了战略协作第一批44项重点事项（项目），明确两市对口部门、区（镇）的责任分工。

2023年5月底，深圳市市长带队到中山考察时要求建立健全以产业协作为重点的合作共赢长效机制，深化与中山务实合作，携手实现高质量发展。对应深圳市到中山市考察交流达成的事项分工，中山市形成了新一批25项重点合作事项（项目），明确责任部门和完成时限。6月28日，2023深圳·中山联合招商大会暨宝安九围国际总部区·翠亨深中合作产业园推介会召开，深中两市首次面向全球联合招商。深圳市委、市政府表示，深圳将进一步加强和中山交流对接，大力推进双方在产业协作、科技创新、交通便捷、生活便利、营商环境及双招双引等各领域务实合作，

图片来源：《深圳中山携招商，打造全球投资高地》，《南方plus》2023年6月28日。

促进珠江口东西两岸融合发展，携手为粤港澳大湾区建设作出更大贡献。此外，8月8—9日，中山市委书记率代表团访问香港，提出"香港科创+中山制造""香港青年+中山创业""香港人才+中山生活"合作构想，得到港方全力支持，双方就科技创新、文化旅游、经济发展、人才招引等事项进行深入探讨交流，并达成多项共识。

（二）以"六个一体化"为突破口，促进融合互动发展的提质增效

2022年，广东省委深改委部署中山市建设"广东省珠江口东西两岸融合互动发展改革创新实验区"，面对这一重大历史机遇，推进实验区建设，中山以推进营商环境、产业协作、交通设施、科技创新、公共服务和社会治理、规划协同"六个一体化"为突破口，加快深中一体化融合发展，全面推动与珠江口东岸融合，在融合互动发展中提质增效。

深入推进营商环境一体化。营商环境是企业等市场主体在市场经济活动中所涉及的体制机制性因素和条件，其优劣直接影响市场主体的兴衰、生产要素的聚散、发展动力的强弱，政府应尽可能降低企业经营的社会成本，为企业提供良好的服务和发展空间。营商环境一体化作为"六个一体化"的重中之重，深圳营商环境维度排在全国前列，中山全面学习对接深圳营商环境，在提高审批效能、深化信息互联互通、高效服务企业等方面对标先进、不断提升，推进深圳、中山营商环境一体化。深中两地持续推进营商环境的提升工作，尤其是两地营商环境一体化高质量发展，使两地在知识产权保护、市场准入、标准化等工作方面同频共振。在知识产权方面，中山与深圳签署《深中双城知识产权高效保护合作协议》，建立集中高效的知识产权协作联动合作机制，推动跨区域联动执法监督，推动检验、检测、鉴定结果互认，建立专家库资源共享机制，在专利侵权纠纷行政裁决、展会知识产权保护、地理标志保护等方面加强合作交流，共同打造深中两地良好知识产权保护环境。在标准化方面，中山市市场监管局与深圳市标准技术研究院签订全面战略合作框架协议，共建深中标准化技术服务平台，在重点领域展开深度合作，建立共建共享合作机制。

深入推进产业一体化。探索"深圳总部+中山基地""深圳链主+中山配套"，主动对接深圳"20+8"产业集群，联合开展全球招商。产业一体化是深中一体化的核心和关键。中山市全面对标深圳市20个战略性新兴产业集群、8个未来产业，立足"深圳所需"，发挥"中山所能"，共同做大做强智能终端、超高清视频显示、半导体与集成电路、智能机器人、新能源、生物医药等12个战略性产业集群。双方互惠共赢培育壮大数字经济，推动深圳"数字+""设计+"赋能中山传统产业，加快推进数字产业化与产业数字化。以中山与深圳产业一体化为牵引，拓展与香港的产业合作链条，谋划建设深中澳文化与科技合作基地，依托翠亨新区海峡两岸交流基地建设深中台产业融合发展平台。

深入推进交通一体化。与深圳加快"海陆空铁"一体化连接，促进"四网联动"，深入实施交通一体化，推进深中交通无缝衔接。海运已经开通8条"粤港澳大湾区组合港"航线，"中山造"出口更便利，以"组合港"模式完成中山港海关的出口查验，在抵达深圳盐田港后无需再次报关，中山出口至欧美的货物可以更高效、更低成本地走出国门、迈向世界。全面对接深中通道，深中通道2024年建成通车后，中山至深圳车程将由现在的约两个小时，缩减至半个小时以内。两市共建深中航空港，中山已与深圳机场集团签署深中航空港项目合作框架协议，实现机场服务前置延伸到中山核心区域，通过便捷、舒适的机场快线，为中山及珠江西岸其他城市的出行旅客提供高效便捷的航空出行服务。中山将打造航空货运物流合作平台，推动深圳机场首个外地前置仓——深圳机场中山前置仓正式启用，兼顾国际货站及国内货站前置仓功能，实现中山市航空货源集中前置收货报关等，在高效汇聚中山及珠江口西岸其他城市的航空货物的同时，为物流企业降低成本。同时，中山还探索在中山保税物流中心布局深圳机场中山市异地货站，实现中山市航空货物运输前置安检、前置通关，进一步提升深圳机场航空货运服务保障能力。

深入推进创新一体化。促进两市创新平台联动发展、联合攻关、开放共享、科技金融合作，探索"深圳研发+中山转化""深圳创新+中山制造"，推动深圳科研机构和中山企业合作，支持深圳项目在中山办理技术合同登记，形成发展合力。借助深圳的科研平台和创新资源，推动深圳"数字+""设计+"赋能中山传统产业，推动中山产业链积极融入深圳创新链，全力对接深圳"20+8"战略性产业领域关键环节，发挥中山所长，联合深圳共同开展核心技术攻关、应用场景示范。重点依托中国科学院深圳先进技术研究院、深圳大学、南方科技大学等高校科研机构，组织专家团队与中山企业精准对接，推动传统产业对接深圳创新资源。推动中山企业加入深圳链主企业牵头设立的创新联合体、产业技术创新联盟，共同开展技术和产品研发。大力支持深圳优秀科技服务业运营平台落户中山，为中山企业提供专业化服务。中山在临深区域火炬开发区、翠亨新区共建科技园，产业链配套就近布局，其中，火炬开发区定位为中山创新发展的"主引擎"，翠亨新区则定位为中山参与粤港澳大湾区建设的"主阵地"，两区通过市场化方式共建深中现代科技工业城、湾区未来科技新城等一批高水平专业化科技园区，引入高水平科研机构和力量，打造科技创新重大平台，不断提升产业平台能级，为深圳科技创新成果落地转化提供空间。

深入推进公共服务和社会治理一体化。与深圳高校以"政府+高校+企业"模式联合培养研究生，在中山市翠亨新区建设深中高端人才共享社区，建立资格互认、信息互享、服务互通的深中人才跨区域流动服务机制。医疗方面建立救治联盟，推动远程会诊、双向转诊。2022年，中山与深圳在社会救助领域的统筹衔接实现了三个"首次"创新，包括首次实现"社会救助申请事项"异地办理、首次实现"两地救助保障待遇无差别对待"、首次实现"跨市政策联动帮扶"。

深入推进规划一体化。规划一体化是深中一体化的重要保障，实现规划一体化为其他五个"一体化"提供支撑和保障。建立联席会议制度，加强宏观战略层面的规划衔接与合作、信息交流与互动，全面对接"深圳都市圈规划"和"前海扩区"规划，建立深中跨市域规划协调机制，与深圳探索设立联席会议制度，加强宏观战略层面的规划衔接与合作，相互交换双方关注的城市规划成果信息和工作经验。搭建统一的规划信息管理平台，加强深中两市发展规划、国土空间规划等对接融合，率先推动深中产业规划、文旅规划、城市布局规划等深度融合，助力打造环珠江口100公里"黄金内湾"。同时，在城镇发展、基础设施、公共服务设施的空间规划布局上与深圳深度衔接，助力中山打造珠江口西岸综合交通枢纽。

（三）以土地节约集约利用改革为重点，拓展融合互动发展的空间载体

突出组织领导，形成贯通协调机制。中山市成立市委书记任总指挥、市长任第一副总指挥的"工改"指挥部,并强化做好"工改"工作的指挥部办公室、一线专班力量。每个镇街均设立"工改"专班,由镇街党委(党工委)"一把手"任总指挥,全力构建"市级主导、镇街主责、专班主抓"组织工作体系。

突出制度引领,持续完善政策体系。中山市首次以人大立法的形式,为创新解决"工改"遇到的"自捆手脚"的土地政策等系列问题提供了法规依据。搭建起由80余项政策组成的"3+N"政策体系,全面涵盖综合政策、土地整备、空间规划、审批服务、园区标准、财税金融、执法管控等各方面。

突出路径创新,不断激发改造活力。针对连片改造难的问题,中山市用足用好国家和省全域土地综合整治试点政策,积极申请省的政策支持,创新拓展"单一主体归宗"模式,通过实施两个以上主体即可归宗,间隔土地整片区归一、重新规划,出台单一主体归宗土地增值税优惠政策,奖励支持3个以上不同权利人低效用地整合改造,支持组合实施"政府收储+自主改造""村企合作+单一主体归宗"等方式,实施连片改造、高效拆除整理低效用地、推动商住用地改工业用地。

突出经验总结,推进"工改"有序高效开展。中山"工改"总结出"谈、移、拆、建、引"五字经。耐心"谈"方面,"工改"干部走进千家万户谈政策、谈利好、谈未来,凝聚全社会理解支持"工改"的广泛共识和强大合力。稳妥"移"方面,镇街有序做好优质企业腾挪安置服务,宁可慢一点,也让企业留下来。科学"拆"方面,下决心拆除环境污染重、安全隐患大的低效厂房,加快农村集体用地连片改造收储,协同带动低效工业厂房改造升级。高标准"建"方面,镇街与国资共同打造一批"工改"示范项目,统筹管理运营一批品质高、配套好、服务优的产业新空间。大力"引"方面，积极动员产业链主、商协会等各方力量，加快招引高质量项目落户"工改"园区，示范带动更广大群众、企业家投身"工改"实践、共享"工改"成果。

中山市黄圃镇市镇两级"工改"队伍坚持走"工改"的群众路线

2023 年 5 月 31 日，深圳市市长在中山考察时提出"在翠亨新区、国家火炬高新区谋划建设总面积 66 平方公里的深中经济合作区"。深中经济合作区包括"一中心三园区"：翠亨新区的马鞍岛城市新中心（34.68 平方公里）、文化与科技合作基地（16.2 平方公里）、高端制造合作基地（2.69 平方公里）和火炬开发区的深中合作创新区（12.5 平方公里）。园区的启动区为翠亨新区的文化与科技合作基地北部区域（2.33 平方公里）、高端制造合作基地（2.69 平方公里）和深中合作创新区一期区域（5.68 平方公里），共计 10.7 平方公里。其中，翠亨新区的马鞍岛城市新中心通过两市联合招商开展合作，将打造成为前海深港现代服务业合作区拓展区。三园区建议由深投控牵头中山国企合作共建，深中合作创新区聚焦生物医药、高端医疗器械、超高清视频显示、激光与增材制造等产业；高端制造合作基地面向半导体与集成电路、智能传感器等高端制造领域，打造产业链专业协作基地；文化与科技合作基地围绕科技服务、文旅设计、战略性新兴产业等，打造珠江口西岸的新前海。

中山市大胆改革、勇于创新、全力推进的"工改"，为深中经济合作区等项目的实施与高质量发展打好基础、提供空间载体、做好用地保障与支撑。截至 2023 年 10 月，全市已拆除整理低效工业用地超 2.7 万亩，项目容积率从改造前的 0.65 提高到 3.0 以上，并计划通过"工改"带动全市整备工业用地和完善用地手续超 8000 亩。比如，深中合作创新区所在的火炬开发区，勇担中山市建设广东省珠江口东西两岸融合互动发展改革创新实验区的桥头堡和主阵地，坚决打赢打好低效工业园改造升级攻坚战，出台了激活全区"工改工"活力的《火炬开发区连片"工改工"专项奖励资金实施办法》《火炬开发区关于促进低效工业园改造升级奖励办法》等政策。本案例调研和收集资料时，火炬开发区（含民众街道）正在推动建设"工改"项目 19 个，完成项目拆除整理用地面积 622.18 亩，在破解用地难题上已经取得新空间和成效。正因如此，根据共同负责深中经济合作区研究谋划的深圳市城市规划设计研究院股份有限公司、综合开发研究院（中国·深圳）、深圳国家高技术产业创新中心等 3 家研究机构的初步研究成果和反馈，深圳同步在全国多个城市选址建设异地产业园，中山市在研究基础、选址地块、条件成熟度等方面都具有相对优势。2023 年 9 月，深圳对深中经济合作区的区位条件和选址范围，特别是对所划范围超过 90% 已纳入城镇开发边界表示充分认可，表示下一步启动合作项目对接，梳理出布局合作区的产业项目以配合合作区规划建设，同时推动两市签署共建产业合作园区战略协议。

三、经验启示

（一）始终坚持以习近平总书记关于区域协调发展的重要论述为思想引领，高质量构建区域经济发展新格局

党的二十大报告指出，深入实施区域协调发展战略、区域重大战略、主体功能区战略、新型城镇化战略，优化重大生产力布局，构建优势互补、高质量发展的区域经济布局和国土空间体系。[①]《粤港澳大湾区发展规划纲要》明确指出，要提高珠江西岸地区发展水平，促进东西两岸协同发展。2023 年 4 月，习近平总书记在广东考察时强调，广东是改革开放的排头兵、先行地、实验区，在中国式现代化建设的大局中地位重要、作用突出……建设现代化产业体系、促进城乡区域协调发展等方面继续走在全国前列，在推进中国式现代化建设中走在前列。[②] 区域协调发展谋求的是可持续发展，以发展为前提，经济带、城市群、都市圈等通过产业、交通、人才、公共服务等政策系统集成，实现各类要素合理流动和高效集聚。随着深中通道建成通车这一重大利好，中山市在地理区位、承载空间、产业基础和布局等方面将具备更好与深圳市对接的基础，两市利用珠三角首个跨越珠江口的合作区——深中经济合作区的契机，推动大湾区珠江口东西两岸协同发展，构建高质量发展区域新格局。

---

① 《习近平著作选读》第 1 卷，人民出版社 2023 年版，第 26 页。

② 《坚定不移全面深化改革扩大高水平对外开放　在推进中国式现代化建设中走在前列》，《人民日报》2023 年 4 月 14 日。

（二）以有为政府更好发挥积极作用推进区域协调发展，实现融合互动从"低效失衡"向"高效协调"转变

党的二十大报告指出，要着力"促进区域协调发展"①。区域协调发展是促进高质量发展的必然要求、重要支撑、有效途径，有利于发达地区与欠发达地区之间实现优势互补、合作共赢、融合发展，有利于人民收入水平的提高、基础设施和公共服务的完善，有利于产业发展的良性互动、强链补链、高质量转型升级。区域发展不平衡是自然与社会、历史与现在、外部与内在等综合作用的系统性结果，实现区域平衡发展是一个长期动态的复杂过程。市场在促进区域平衡发展领域的调节力量可能是有限的，甚至可能是"失灵"的。我们必须坚持党的二十大报告中指出的"充分发挥市场在资源配置中的决定性作用，更好发挥政府作用"，积极发挥政府"有形之手"在促进区域平衡发展中不可或缺的重要作用，有效促进顶层设计与基层探索相结合、宏观引导与微观创新相结合，在区域间充分实现"1+1>2"的协同效应。在政府的引导和支持下，深圳和中山两市大力推进双方在产业协作、科技创新、交通便捷、生活便利、营商环境及双招双引等各领域的务实合作，珠江口东西两岸融合互动发展取得积极进展。珠江口东西两岸融合过程中充分发挥了市场机制的资源配置功能，深圳产业有序向中山转移，市场交出了自己的"答卷"。同时，中山遵循市场经济规律办事，通过"工改"，提高全要素生产率，倒逼产业转型升级，促进了全省产业合理布局和协调可持续发展。

---

① 《习近平著作选读》第 1 卷，人民出版社 2023 年版，第 26 页。

（三）以系统性观念谋划区域协调发展，实现融合互动从"物理联通"向"化学融合"转变

系统观念是马克思主义认识论和方法论的重要范畴。党的二十大报告深刻阐述了习近平新时代中国特色社会主义思想的世界观和方法论，即"六个必须坚持"，其中第五个必须坚持是"必须坚持系统观念"。早在 2012 年 12 月，习近平总书记在广东考察时就指出，增强改革的系统性、整体性、协同性，做到改革不停顿、开放不止步。[①] 提高系统思维能力，在把情况搞清楚的基础上，统筹兼顾、综合平衡，突出重点、带动全局，"十个指头弹钢琴"。切实提高系统思维能力，就要高度重视系统的整体性、关联性、耦合性和协同性，处理好各方面关系、统筹好各方面利益、调动好各方面积极性。深圳和中山系统谋划，从"硬联通"与"软连接"双管齐下，加快实现从"物理联通"到"化学融合"的转变。中山打造对接合作平台，积极参与环珠江口"黄金内湾"建设，围绕体制机制、营商环境、产业协作、基础设施、协同开放、科技产业、公共服务与社会治理、规划协同等方面，积极探索一体化创新制度，加强与周边城市沟通对接，共同谋划合作平台载体，探索合作体制机制创新，推动大湾区一体化融合发展向更高质量、更广领域、更深层次迈进，为珠江口东西两岸从"硬联通"走向"软连接"乃至"一体化"率先做出一份"中山答卷"。

---

① 《增强改革的系统性整体性协同性　做到改革不停顿开放不止步》《人民日报》2012 年 12 月 12 日。

【思考题】

1. 基于深中通道即将开通这一重大利好，请谈谈中山在珠江口东西两岸融合互动发展中仍存在哪些短板和不足？下一步工作重点应该怎么抓？

2. 共建产业园区是珠江口东西两岸融合互动发展的重要举措，但在利益共享上还需要进一步完善机制，请谈谈如何平衡协调好双方的利益共享？

3. 产业协作是中山探索珠江口东西两岸融合互动发展的关键切入口，请谈谈中山市如何推动深圳—中山产业链深度融合？

以高品质商圈助力畅通国内大循环

——以广州市天河路商圈为例

中共广州市委党校（广州行政学院）　李沁筑①

【引言】在习近平新时代中国特色社会主义思想指引下，我们适应把握引领经济发展新常态，贯彻新发展理念，构建以国内大循环为主体、国内国际双循环相互促进的新发展格局。习近平总书记明确指出，要根据我国经济发展实际情况，建立起扩大内需的有效制度，释放内需潜力，加快培育完整内需体系，加强需求侧管理，扩大居民消费，提升消费层次，使建设超大规模的国内市场成为一个可持续的历史过程。

【摘要】天河路商圈被誉为"华南第一商圈"，是广州作为"千年商都"打造的高品质商圈代表。在我国内需贡献率不断上升、国内消费转化空间巨大、消费结构升级等背景下，天河路商圈深挖消费潜力，提升消费活力，营造良好的消费环境。商圈内企业通过文商旅融合发展，巧破传统商业载体的经营瓶颈；成立天河路商会，创新构建"政府+商会+企业"共建共治的经营管理

---

①　李沁筑为中共广州市委党校经济学教研部副教授。

模式，统筹协调商圈内差异化运营，扎实把商圈流量转化为消费能量，突破旺丁不旺财的消费窘境；政府不断优化供给，通过鼓励探索新零售、新业态，改造升级传统专业市场，解决供需矛盾，力破提而不振的消费难题。

天河路商圈在建设过程中积极实践习近平新时代中国特色社会主义思想中的立场观点和方法：始终坚持以人民为中心的根本立场，积极适应消费升级，增加有效供给；坚持以问题为导向，深入理解生产和消费、分配的辩证关系，厘清经济循环中的堵点，做好系统决策；坚持市场在资源配置中的决定性作用，更好发挥政府作用，处理好市场和政府的关系，充分发挥价格、竞争、供求的作用，不断释放和挖掘消费潜力，营造良好的消费环境，努力把城市流量转化为消费能量，激发千年商都新活力，助力畅通国内大循环，构建新发展格局。

【关键词】 天河路商圈；"政府—商会—企业"；国内大循环

一、背景情况

（一）新发展格局下我国内需的总体情况

新发展格局是我国顺应国际国内形势作出的主动性战略布局，通过挖掘国内市场潜力，以国内市场的壮大来弥补国际市场的乏力，保障市场需求的总体稳定。

1. 内需贡献率上升，消费对经济增长的拉动和贡献率较高

消费、投资和出口，是拉动经济发展的三驾马车，也是衡量国民经济结构的重要指标。下图为1978—2023年消费、投资和净出口对经济增长的贡献情况。改革开放至20世纪末，我国经济增长拉动主要依靠消费和投资，消费较投资的贡献更大。2001年加

入世界贸易组织（WTO）以后，我国对外开放进程加速，通过加工组装参与到全球价值链体系中，开启了通过大规模工业化和外需拉动型增长模式，投资和净出口对经济增长的贡献快速提升。但外需拉动型增长模式对外依存度较高，容易受到国际经济形势的冲击，如 2008 年受国际金融危机冲击，我国出口额面临较大幅度的快速下滑。

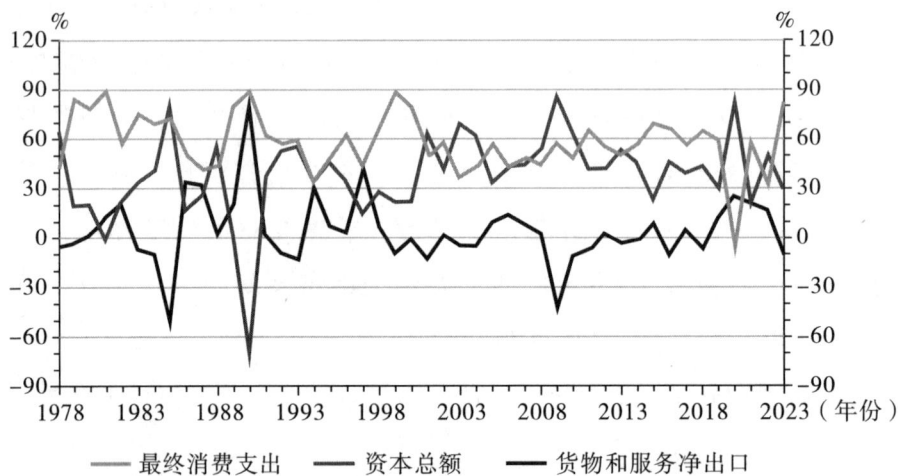

1978—2023 年消费、投资和净出口对经济增长的贡献①

2011 年以来消费对经济增长的贡献基本高于投资贡献，2015 年消费贡献份额一度达到 69%。这说明，中国的经济发展已经由依靠外需拉动逐渐转向依靠内需拉动，而以扩大内需促进发展的经济增长更具可持续性。2020 年以来，受疫情冲击，消费尤其是线下消费受到重创，最终消费对经济增长的拉动首次出现负值，但 2021 年后消费对经济增长的贡献迅速反弹，2023 年消费对经济增长的贡献率达到了 82%。综合来看，我国内需的贡献率持续上升，消费对经济增长的拉动日益强劲。

---

① 数据来源：Wind。

2. 国内消费转化不足，增长空间广阔

相比其他发达经济体，我国消费能力还有很大提升空间。进一步梳理中国和世界其他发达国家最终消费支出占 GDP 比重，可以发现，虽然我国消费对经济增长的贡献较大，但与世界其他发达经济体相比，仍有较大的提升空间。

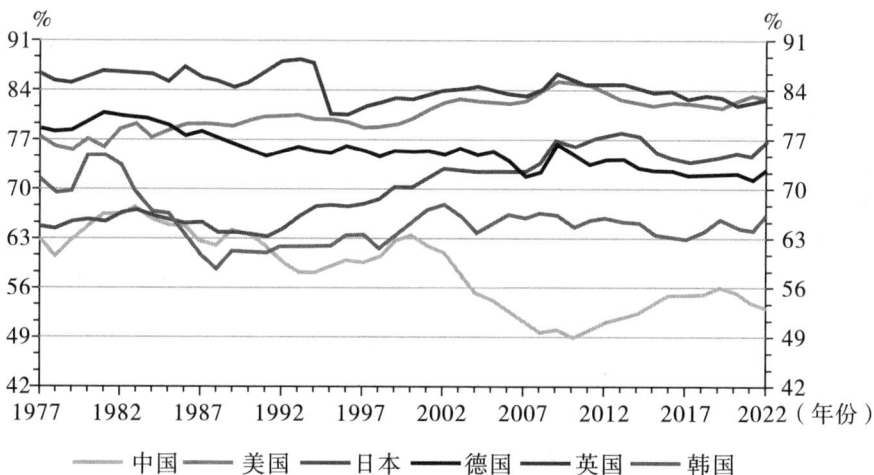

中国和世界其他发达国家最终消费支出占 GDP 比重①

我国最终消费支出占 GDP 比重长期处在60%以下，美国、英国、德国等发达经济体最终消费支出占 GDP 比重始终处于80%左右，即使同处于储蓄观念盛行的东亚，日本、韩国的最终消费支出占 GDP 比重自20世纪90年代以后也比我国高。通过以上对比，中国内需水平仍然存在很大的增长空间，国内需求潜力有待于进一步挖掘。

中国居民人均可支配收入持续增加，2017年中等收入阶层人口就已突破4亿人，预计到2035年中等收入群体人数将达到8亿

① 数据来源：Wind。

人。中等收入群体快速增长的购买力将为中国消费市场注入强大的动力，为国内消费转换提供基础，也是中国经济高质量发展的基本盘，是"以国内大循环为主体、国内国际双循环相互促进"新发展格局的"压舱石"。

3. 消费结构变化，服务性消费不断提升

近年来，我国服务性消费占比稳步增加，服务业对经济增长和社会贡献值显著增加。数据显示，1980—2019年我国服务业增加值年均增速超过17%，占GDP比重从22.3%上升到53.9%，提升了31.6个百分点。① 发达国家历史经验告诉我们，低附加值的传统工业向高附加值的现代服务业转变，居民由物质消费向服务消费转变，从而实现产业结构和消费结构的转变。伴随我国供给侧结构性改革的推进，服务业及服务消费对经济增长的贡献将不断提升。

从居民消费支出结构来看，疫情之前，2019年我国居民人均服务性消费支出12114元，占全国居民人均消费支出的比重为45%，比2017年提高了3个百分点。② 服务消费逐渐步入消费结构升级的新时期，其中，生活必需品消费减少、服务消费增多是主要标志。2013—2019年城镇居民人均对食品烟酒的消费比重，从31%下降到28%；对教育文化娱乐的需求，从10%上升到11%。③ 与此同时，数字技术提供多样化的数字产品，涉及工作、学习、消费、娱乐、社交等多场景，数字经济赋能服务消费，极

---

① 夏杰长：《中国快速迈向服务经济时代》，《经济参考报》2019年8月21日。

② 数据来源：国家统计局网站。

③ 王一鸣：《服务消费是扩大消费新引擎》，《经济参考报》2022年9月11日。

大提升服务性消费对经济增长的贡献。

（二）天河路商圈的发展情况①

1. 天河路商圈

广州作为"千年商都"，一直都是中国历史上最重要的商业中心之一。其中，天河路商圈被誉为"华南第一商圈"，有"华南第一黄金商业带"之美誉，是中国最具规模的高端商贸集聚区之一，也是广州的核心商圈。

（1）区域范围

天河路商圈的物理范围为：西起广州大道，东至五山路和石牌东路，北至天河北路，南至黄埔大道，以天河路为轴线，全长约2.8公里，总面积约4.5平方公里。商圈涉及天河南街道、石牌街道、林和街道。

（2）商品销售总体情况

疫情之前，2019年天河路商圈商品销售总额占全区比重的54.25%，社会消费品零售总额占全区比重的20.11%。疫情造成较大冲击，2020年上半年商品销售总额同比下降12.7%。疫情之后，天河路商圈的经营状况呈现积极态势，2023年天河路商圈的日均客流量显著增长，达到了178万人次/天。2023年，天河路商圈实现商品销售总额6296亿元，展现出天河路商圈强大的消费吸引力和市场潜力，商圈有千亿级销售能级商贸企业1家，百亿级能级企业5家；天河区批发、零售、住宿餐饮业10强中均有一半企业来自商圈。

（3）业态分布

2012年，天河区全面启动了天河路商圈的升级改造工作。经

---

① 资料由广州市天河区商务和金融工作局、天河路商会提供。

过十多年的发展，天河路商圈业态占比不断优化，从之前的零售业占 70%，餐饮占 30%，文化艺术等业态基本空白的情况，进化为零售业占 57%，餐饮占 24%，商务配套占 9%，休闲旅游业态占 8%，文化艺术占 2%，为广大游客提供丰富多样的高品质、特色化旅游体验项目。

（4）取得的成绩

天河路商圈成功入选首批"全国示范智慧商圈""广东省级特色示范步行街（商圈）"，正佳广场、友谊商店正佳店入选首批全国示范智慧商店。正佳广场、太古汇等 2 家商业综合体销售额连续 8 年位列全国购物中心前二十，其中太古汇成为广州首个销售额破百亿的大型商业综合体。正佳广场七馆一街等精品体验项目相继开业，是体验业态占比领先全国的超级家庭购物娱乐中心，2021 年入选第一批国家级夜间文化和旅游消费集聚区名单。太古汇成为全球首个获得 LEED（绿色能源与环境设计先锋奖）铂金级认证的室内购物中心，获评 2022 年德国 iF 设计奖"公共展览类大奖"。天环广场获评 2017 年 ICSC（国际购物中心协会）中国购物中心金奖、CGLA 2021 第四届"金灯奖·奢华地标大奖"和 2022 年第九届亚洲-太平洋史蒂夫ⓒ奖品牌发展创新奖银奖、ICSC 全球营销金奖。ICC 环贸中心荣获 2023 柏林设计奖金奖。商圈的"政府+商会+企业"共建共治模式先后获评国内贸易流通体制改革推广案例、"粤治——治理现代化"政府治理创新优秀案例。

2. 天河路商会

天河路商会是广东省首个以区域为特征的行业自组商会，由广州市天河区天河路商圈及周边区域内从事经营活动的企业、其他经济组织及个人自愿组成的非营利性的社会团体组织。

2012 年 7 月，在广州市委、市政府和天河区委、区政府的大力支持下，天河路商会正式成立，吸引了包括正佳集团、天河城集团、太古汇、万菱汇、广州购书中心等位于天河路黄金商业带上的众多知名企业和商家，创始会员达 103 家，主要为商圈的重要商贸载体单位，涉及商贸、娱乐、文化、旅游、IT 等行业。商会日常工作包括：解决会员单位实际困难，维护会员合法权益，收集商圈经营管理数据、制定商圈发展战略、开拓客源、构建国际交往网络等。2012 年以来，商会先后与新加坡、法国、英国、澳大利亚、美国、新西兰、加拿大、德国等发达国家及中国港澳地区 16 个商协会结盟。

在天河路商圈发展过程中，商会的一个重要职责是不断引导商圈载体通过商业基础、旅游基础、文化基础等三大设施进行融合发展、差异化运营，在良性竞争中共享客流，谋求竞合共生的关系，营造抱团取暖的氛围。天河路商会对于规范市场秩序，维护市场良性竞争，促进商圈长远健康发展，实现行业自律共赢具有积极作用。

同时，天河路商会是政府与天河路商圈商贸载体之间的重要沟通桥梁，通过协调政府各部门与企业的关系，宣传相关政策，主办广州国际购物节等大型活动，为政府和企业提供服务支持等，全面提升天河路商圈产业集聚力、品牌辐射力、文化影响力、综合竞争力。天河路商圈的崛起是广州这座千年商都商贸业转型升级的一个有力印证，而天河路商会则是天河路商圈最重要的名片。

3. 广州国际购物节

由广州市人民政府主办，天河区人民政府、广州市商务局承办的广州国际购物节自 2012 年举办以来，每年举办一届。历届购物节主会场均设在天河路商圈，由天河路商圈联合一个国际知名商圈或地域，开展为期一个月的品牌展销和丰富多彩的购物体验活动。经过十多年的打造，广州国际购物节已成为广州乃至华南地区规模最大、影响力最强的购物节庆活动品牌。

2012年以来，相继与新加坡乌节路、法国香榭丽舍大街、澳大利亚等国际知名商圈或地域合作，并由天河路商会在购物节启动仪式上分别与新加坡乌节路商联会、法国香榭丽舍大街管委会、英中贸易协会、中澳华南商会、加拿大华创会等友好结盟。近年来，购物节内容更加丰富，通过主题文字 Logo 装饰，举办亮灯仪式，明星代言，开展品牌时尚走秀，以及购物节促销，花车巡游等方式打造购物节新亮点；并且结合线上线下，打造线上虚拟购物商场，通过线上购物节主题推广扩大购物节影响力；结盟广州美术馆，将天河路沿途装扮成文化长廊，赋予天河路商圈这条商业长廊文化传播的使命。

二、主要做法

（一）文商旅融合——企业巧破"传统商业载体"瓶颈

广州作为千年商都，商贸传统底蕴深厚，改革开放后凭借优越的地理位置和政策红利等优势，实现了经济腾飞，社会零售品销售总额常年位居全国前列，但也因此形成了以传统商业为主的商贸业市场结构。当前由于商业形态发生了巨大变化，消费渠道也发生了颠覆性变革，传统商业获取客户的成本大幅上升，使得生意经营面临巨大的挑战与困难。

传统商业中，商家通过投入租赁、装修、人工等成本，经营实体店铺，消费者到店选购商品，商家通过销售商品获得利润。在这种形态下，商家获取客户的成本相对固定且可预期，而消费者的选择范围相对有限。然而，随着互联网飞速发展，数字经济浪潮带来了商业形态的重大变化。消费者随时随地在线浏览和购买商品，且选择范围相较于传统实体门店得到了极大的拓展，消费体验更加便利高效。这对传统线下商业有碾压式的打击，线上线下竞争空前激烈，为了获得更多的消费者，传统的实体商家投入的成本剧增，不仅要继续门店的经营成本，还要花费更多的成本进行线上线下的宣传，大大压缩了实体商家的利润空间。

进入新时代，人们对美好生活的向往，已经从物质需求为主转向越来越多的精神需求，从传统的物质产品消费转向文化、旅游、娱乐等服务型消费。这对传统商业形态无疑是全新的挑战，如何突破传统商业"选择少、成本高、利润低"的瓶颈，同样也成为天河路商圈中各商家面临的难题。

正佳广场位于天河路商圈的核心位置，是华南地区唯一商贸类国家 AAAA 级旅游景区，是集文化、旅游、商贸、体育、娱乐、教育等功能为一体的最新一代超大型文体商旅综合体。日均客流量超过 80 万人次，可供 4 万人同场同时消费，每年吸引世界各地 200 万个家庭到场。

正佳广场见证了天河路商圈的繁华，也经历了线上经济的巨大冲击。正佳广场 2005 年开始营业时，正是天河路商圈商贸业繁荣昌盛、实体店兴旺发达的时候，与其相邻的天河城自 1996 年开业以来，人气一直领先，于是正佳广场决定与之进行差异化竞争，初步尝试体验式消费，筹建了广州第一个室内溜冰场。为了吸引年轻时尚人群和家庭消费者，正佳广场在不同的楼层设置多元餐饮店，吸客能力很强，逐渐在广州大型综合商业体中独占鳌头。随着电商的崛起，作为传统商业载体正佳广场也感受到了来自线上经济的威胁，于是从 2013 年开始，正佳广场开始转型。

得益于前期"广州第一个室内溜冰场"体验式消费的经验和

长期积累的客户群体（年轻人群和家庭消费者）特点，正佳广场的转型策略一方面是要抓住"线上经济"无法满足消费者亲身体验的不足，打造"超级体验中心"，吸引实实在在的客流；另一方面是着力突破"传统商店"销售实物商品的瓶颈，从"卖产品"到"卖服务""卖体验"，相继建立室内海洋馆、植物园、科学博物馆、剧场、美术馆等。

正佳广场文商旅融合发展的思路：聚焦"年轻和家庭"消费主体，用心打造消费细分领域，大力推进科普研学、亲子游、甜蜜经济等，探索打造更丰富多元的沉浸式体验项目。目前，正佳广场拥有吉尼斯世界纪录深海实景展缸——正佳极地海洋世界，国内首个商场内的空中雨林生态植物园——正佳雨林生态植物园，国内收藏展示美洲恐龙化石最多的博物馆——正佳自然科学博物馆。随着它被打造成国家级 AAAA 级景区，已成为外地游客来广州旅游的标志性打卡地。

在一个大型购物中心内部改造出体验中心的场馆，远比平地起高楼更加困难。对企业而言，不仅会损失建设项目期间的租金收益，还会面临超长工期、高额造价。正佳广场改造建设海洋世界投资了近 7 亿元，但开业几年后的门票销售额已经突破了这个数。这也说明，正佳广场已经摆脱了单靠租金收益的传统商业载体营利模式，转向靠"门票"挣钱、靠"客流"变现增租的"双管齐下"的收益方式。

文商旅融合发展对于企业而言绝不是一个简单的改造工程，而是建立商业生态环境的系统工程。它突破了传统商业载体靠租金营利的简单模式，以共赢共荣的运营思维，为入驻的商家带来客流，帮助其将客流转换为营业额，从中获得更高价值的租金收益。文商旅融合发展成为传统商业载体突破瓶颈，与"线上经济"共同繁荣的制胜法宝。

（二）差异化运营——商会突破"旺丁不旺财"窘境

近年来，随着经济的发展和城市化进程的加快，尤其是疫情之后，可以发现许多城市的街道繁荣兴旺，商铺林立，人流络绎不绝，但商铺之间的同质化竞争严重，各类网红潮流商店速生速死，商圈业态混乱且残酷，跌进了"旺丁不旺财"的窘境。

天河路商圈范围内集聚了正佳广场、天河城、太古汇、天环广场、万菱汇等14家大型商业综合体，6家IT电子产品综合体，13家高端酒店，天河体育中心和广州购书中心2个文体场所，共36栋商务楼宇（亿元楼宇20栋）。截至2023年底，天河路商圈聚集了1万多个商家品牌，其中包括1964个国内外知名品牌、883个国际品牌，领跑广州各大商圈，入选首批全国示范智慧商圈，已发展成为万亿级商圈。

建设高品质商圈一直是广州扩大消费、激发千年商都新活力的重要抓手。打造一个"旺丁又旺财"的高品质商圈，既需要政府的规划引导和支持，也需要企业根据市场作出审时度势的经营决策。在天河路商圈建设和发展中，成立天河路商会对政府和企业的协调沟通起到了关键作用。天河路商会于2012年成立，融合"区域性商会"和"行业商会"的特点，其职责更加综合、更加灵活。区别于国内其他商圈以"管委会""政府派驻机构"或"区域性商会"的管理模式，天河路商圈创新性打造"政府+商会+企业"的共建共治模式，先后获评国内贸易流通体制改革推广案例、"粤治——治理现代化"政府治理创新优秀案例。

天河路商会发挥其关键统筹协调作用，一是引导天河路商圈内载体通过商业基础、旅游基础、文化基础等三大设施进行融合发展、差异化运营，营造良性竞争环境。比如，太古汇针对高收入群体，打造高端重奢购物场景，已成为广州首个销售额破百亿的大型商业综合体；时尚天河购物广场以年轻学生为主，集逛街、购物、下午茶与观光怀旧于一体，搭建社交消费场景；天河城和广百中怡则是为中产群体保留的比较传统的购物餐饮环境；正佳广场以家庭亲子消费群体为主，体验式消费享誉全国；天环广场针对更加细分的消费群体，以中高收入潮流人群为主，构建情绪消费和社交消费天地；岗顶基于原有的 IT 批发零售专业市场基础，适应市场导向，改造升级打造 IT 和新能源汽车体验旗舰店等。二是商会致力于营造抱团取暖的氛围，共商商圈发展策略，开拓客源，在良性竞争中共享客流，谋求竞合共生的关系。在遭到线上经济冲击时，天河路商会共谋未来，互助互利，摆脱了传统实体经济一味打价格战的恶性竞争，开辟差异化竞争共享客流新局；开放互荐品牌商家，营造积极良好的招商环境；依托商会平台所掌握的会员大数据，适时推出商圈经营分析报告，供会员商家共同谋划经营策略。天河路商会每月召开会长会议，共商商圈发展目标和营销主题等，如 2024 年春节期间，商会鼓励商圈内各载体引进双龙 IP，营造龙年氛围，打造网红打卡点，吸引客流。三是商会做好与政府各部门的协调沟通工作，协调商圈内企业与政府的关系，让企业拥有更多话语权；在招商引资的过程中，政府通常会主动联系商会，将投资项目和相关政策通过商会广为扩散；通过商会抱团进行"沟通政商"，帮助解决会员单位实际困难，维护会员合法权益；连续十多年主办广州国际购物节活动，助力天河路商圈"旺丁又旺财"。天河路商会早已成为天河路商圈的最重要的名片，而"政府+商会+企业"共建共治模式，也为高品质商圈建设提供了一个可复制、可推广的经营管理样本。

（三）优化供给——政府力破"消费提而不振"难题

当前消费对我国经济的拉动和贡献越来越大，相较于其他发达国家，国内消费转化仍然不足，存在较大的增长空间。消费提而不振是国内经济面临的一个难题。消费不振的原因很多，一方面是消费者收入增长乏力，信心不足，消费能力受到了限制。另一方面，消费领域的供给侧改革和需求侧发力实际上是相互作用的，当前的主要矛盾不是需求的不足，而是供给的不平衡、不充分，抑制了消费需求。

针对消费提而不振的问题，一是要持续提升消费者的实际购买能力，培育庞大且有较高消费能力的消费人群；提高居民可支配收入和劳动者报酬，增强居民跨期消费能力，激活消费市场；完善社会保障体系，稳定物价水平、住房价格，减轻消费者的生存压力；加强消费者权益保护，提高消费者信心；整顿规范市场秩序，增强消费者的消费安全感，提升消费者对市场的信任。二是增加市场的有效供给，满足居民消费升级的需求；推动零售的转型升级，深化实体零售创新转型；促进线上线下的融合发展，鼓励利用新技术、新手段，开拓新业态和新模式，提升消费者的体验感和获得感。

为全面增强消费引领、集散配置功能，打造国际商贸中心、国际消费中心城市的核心承载区，天河区2020年印发《关于推动天河路商圈高质量发展的工作方案》，2023年印发《天河区助力广州市培育建设国际消费中心城市实施方案（2023—2025年）》，全面提升天河区消费领域的市场繁荣度、商业活跃度、国际美誉度、通达便利度、惠民舒适度和政策引领度，大力推动建设天河路世界级地标商圈，为天河路商圈建设提供了规范引领和政策保障。

在优化供给方面，天河路商圈一是率先探索数实结合，大胆试水新零售，2018年4月在正佳广场正式开业的"Hi-Smart"，是国内首家无人百货商店，致力于开创百货商店未来购物体验；苹果、特斯拉、保时捷等品牌体验店陆续入驻；小米、网易严选等线上电商积极开设实体店；主打生鲜品类的新零售商家盒马鲜生进驻天河路商圈，为消费者引入全球直采的肉禽、海鲜、水果等品类。二是着力建设智慧商圈、打造智慧商店，充分运用现代信息技术，优化智慧设施、智慧服务、智慧场景和智慧管理，不断健全面向消费者、商业企业、运营机构和政府部门的智慧应用，打造线上线下一体化的智慧消费生态体系，营造良好的消费环境，促进消费提质扩容。天河路商圈于2022年成功入选首批全国示范智慧商圈，其中，天河正佳广场、广州友谊商店正佳店入选全国示范智慧商店。通过数字技术的实践与应用，着力推进商圈转型升级，实现智慧化发展，以数字赋能优化供给，增强商圈的消费吸引力、品牌集聚力，是广州这座千年商都焕发新活力的题中应有之义。三是整治提升传统专业市场。天河路商圈内石牌片区目前有电脑专业市场15家，是华南地区最有影响力的IT产品集散地之一。近年来，受市场经济的发展和电商影响，石牌地区传统IT行业受到冲击，各大电脑专业市场人流量、业务量逐年减少，商铺空租率逐年上升。为此，天河区政府出台《天河区加快推进专业批发市场整治提升三年行动方案（2019—2021年）》，通过四大举措：第一，转型升级，推动原来与IT行业相关的批发市场向众创空间、孵化器转型，鼓励传统批发零售业向现代化市场转型升级；第二，转营发展，即向其他服务业，如餐饮业转营发展；第三，规范整治，加快原有专业批发市场硬件设施改造，加强周围环境、交通物流、消防安全、来穗人员、扫黑除恶等方面综合整治；第四，对一些无法跟上市场要求的低端门店进行关停。通过以上四个举措优化天河路商圈的供给侧，专业市场转型升级已取得了一定成效，例如，原鸿利 3C 电脑城转营餐饮，恩博数码城、熹阳电脑城、光华货运场已关停；围绕 IT 零售核心，拓展"服务+体验"型业态，百脑汇、总统数码港等市场引入品牌笔记本形象体验店、智能手机体验店，以及中国电信、中国移动等运营商服务厅、售后服务中心；逐步增加休闲、娱乐、餐饮等业态，总统数码港引入餐饮业态，百脑汇引入餐饮和"乐之"智能体验购物中心，天河电脑城引入 VR 体验馆、腾讯视频好时光等娱乐休闲业态，从提供产品向提供服务转变；向众创空间、科技成果转化基地发展转型，怡东电脑城积极打造创新孵化创业基地，引进互联网企业和搭建投资基金平台。

满足人民日益增长的美好生活需要，既要牢牢把握扩大内需这个战略基点，增强消费能力，也要持续深化供给侧结构性改革，增加高品质产品和服务的有效供给，培育新的消费增长点，形成新的消费动能，实现需求牵引供给、供给创造需求的更高水平动态平衡，这也是当前力破消费提而不振的关键。

三、经验启示

（一）坚持以人民为中心的根本立场

构建新发展格局，促进形成强大的国内市场，努力满足最终需求，归根结底就是坚持以人民为中心的根本立场，满足人民日益增长的美好生活需要，让老百姓吃得放心、穿得称心、用得舒心。

1. 重视人民的消费新需求，积极适应消费升级

近年来，新兴业态层出不穷，发展势头异常迅猛，成为助力

经济社会转型发展的新引擎。绿色便捷成为消费趋势，消费体验成为消费动力，人们的消费不再局限于吃喝玩乐，而是更加注重商品带来的服务和体验感。消费结构升级，消费品质也不断升级，人们已不再单一地追求物质生活的富足，无论是消费数量还是消费质量都有着巨大的进步。

天河路商圈在建设和发展过程中，重视人民对消费的新需求，积极适应消费升级，突破传统商贸经营瓶颈，努力探索文商旅融合发展，鼓励发展新业态，以满足人民对美好生活的向往为出发点，始终坚持以人民为中心的根本立场。

2. 尊重消费主体特征，差异化运营

我国消费市场的消费主体发生变化。按国际标准，中国开始进入老龄化社会，老年人将成为整个消费的主体之一，而年轻人是新型消费的重要主体；另一个变化就是中等收入群体增加，中国拥有世界上最大的中等收入群体，中等收入群体在衣食住行方面更多地追求高品质和个性化的商品，以及精神文化的追求，对服务型消费需求越来越大。因此，3亿老年人、5.6亿中产阶级、1.8亿"90后"以及大量"00后""10后"成为我国消费的主导人群，对应着巨大的市场规模和终端需求。

天河路商圈尊重消费主体特征，以商会的经营管理为依托，统筹协调商圈内经营主体根据消费主体进行差异化运营，推动消费载体提质升级，营造环境优、品质高、体验好、文化浓的消费环境，不断满足人民群众日益增长的新期待、新诉求，让人民群众消费得更加便利、实惠和放心。

3. 增加有效供给，切实满足人民对美好生活的需要

经过40多年改革开放，我国已成为消费大国，消费规模稳居全球第二位，短缺经济彻底成了历史。习近平总书记指出，有效

供给能力不足带来大量需求外溢，消费能力严重外流。解决这些结构性问题，必须推进供给侧改革。① 增加优质商品和服务供给，培育流通发展新动能。

天河路商圈积极培育体验消费、智能消费等新热点；创建数字商圈、数字商场，培育服务品牌，提高服务质量；进行专业批发市场升级改造，推动实体零售创新转型；促进多业态融合、商旅文体协同发展；重视促进新能源汽车消费等。通过提供更多优质商品和服务，努力实现供需动态平衡，提振消费，完善内贸流通，加快国内大循环。

（二）坚持问题导向，正确认识国民经济循环堵点

《中华人民共和国国民经济和社会发展第十四个五年规划和2035 年远景目标纲要》指出："依托强大国内市场，贯通生产、分配、流通、消费各环节，形成需求牵引供给、供给创造需求的更高水平动态平衡，促进国民经济良性循环。"

1. 深入理解生产、消费和分配的辩证关系

以问题为导向，抓住当前制约我国经济发展的主要矛盾，把扩大消费同深化供给侧结构性改革有机结合起来，以创新引领高质量发展，提高生产供给体系的质量和效益，以增加国内生产总值中可供分配和消费的份额，并增强其满足消费需求、创造新需求的能力。

马克思在《〈政治经济学批判〉导言》中指出："没有生产，就没有消费；但是，没有消费，也就没有生产，因为如果没有消

---

① 《习近平谈治国理政》第 2 卷，外文出版社 2017 年版，第 253 - 254 页。

费，生产就没有目的。"① 市场经济体制下社会再生产是一个自循环、全循环系统，消费是经济运行的起点，消费决定生产，影响并决定着整个经济运行的过程和效率，消费需求成为社会再生产循环系统的起点。马克思指出，"社会消费力既不是取决于绝对的生产力，也不是取决于绝对的消费力"②，而是取决于以分配关系为基础的消费力。因此，分配又决定了消费能力和消费需求。一味地强调扩大消费就是割裂了消费和生产、消费和分配直接的关系。

要破解当前消费提而不振的问题，不仅要从供给和需求的动态平衡着手，更要从完善分配制度，实施就业优先战略，加大税收、民生保障等财政支出、加大对公共服务领域的投资等着手，提高居民收入，提高居民对未来消费支出的预期，增强消费信心，促进消费需求扩大。

2. 正确认识国民经济循环中的问题和堵点③

坚持问题导向，正确认识国民经济循环中的问题和堵点，是构建新发展格局的关键所在。国民经济是一个循环的复杂大系统，由生产、分配、流通、消费四个要素构成，它们处于经济系统中的特定位置，相互影响、相互适应。供给和需求是国民经济系统健康运行的矛盾统一体，二者之间相互依存、相互对立、相互转化。只有贯通生产、分配、流通和消费的各个环节，实现各环节间协调发展和有机衔接，才能充分发挥出结构潜能和系统效果，并促进供给和需求协同发力，实现供给创造需求、需求牵引供给

---

① 《资本论》节选本，人民出版社1998年版，第9页。

② 《资本论》节选本，人民出版社1998年版，第419页。

③ 刘鹤：《加快构建以国内大循环为主体、国内国际双循环相互促进的新发展格局》，《人民日报》2020年11月25日。

的国民经济高水平动态均衡和高质量发展，进而从根本上缓解甚至消除经济发展面临的压力。

在社会再生产循环往复的过程中，分配起决定性作用，消费起主导性作用，流通起基础性作用，生产起主体性和战略性作用。每一个环节都不能过度发力，否则反而会造成事倍功半的效果，导致与其他环节的脱钩，致使整个国民经济循环系统的结构性失衡。以问题为导向，正确梳理国民经济循环中生产、分配、流通和消费间的关系，疏通社会再生产过程中的堵点、痛点与阻滞，加强环节间协调性，充分发挥各环节互动互促互联的结构效应，提升社会再生产系统整体效能，从各方面综合施策，打好组合拳，才能真正扩大消费，同时带动其他环节更高效率地运转，保证国内大循环的协调发展。

（三）坚持使市场在资源配置中起决定性作用，更好发挥政府作用

党的十八大以来，以习近平同志为核心的党中央坚持全面深化改革，创新经济治理方式，创造性地提出推进完善社会主义市场经济体制的重要思想。

1. 深刻理解政府和市场的关系

习近平总书记对政府和市场的关系问题作了深刻阐释，他强调，"使市场在资源配置中起决定性作用和更好发挥政府作用，二者是有机统一的，不是相互否定的，不能把二者割裂开来、对立起来，既不能用市场在资源配置中的决定性作用取代甚至否定政府作用，也不能用更好发挥政府作用取代甚至否定使市场在资源配置中起决定性作用"①。

---

① 《习近平谈治国理政》第 1 卷，外文出版社 2018 年版，第 117 页。

构建以国内大循环为主体、国内国际双循环相互促进的新发展格局，是贯彻新发展理念的重大举措，必须坚持深化供给侧结构性改革，加强需求侧管理，打通国内经济循环堵点，发挥超大规模市场优势，建设高效规范、公平竞争、充分开放的全国统一大市场。为此，就要推动有效市场和有为政府更好结合。一方面发挥市场作用，为建设全国统一大市场提供基本动力。市场在资源配置中的决定性作用是要素和商品有效流通的保证，依靠市场的力量扩大内需、促进消费，从而形成需求牵引供给、供给创造需求的更高水平动态平衡。另一方面发挥政府作用，为建设全国统一大市场提供支撑保障。政府通过连续稳定的宏观政策，维护市场的公平竞争，消除市场壁垒，化解结构性失衡，保障供给质量，提高生产效率，从而推动经济高质量发展。

2. 发挥价格、竞争、供求的作用，激发市场主体活力

市场在资源配置中起决定性作用，主要是通过价格、竞争和供求来实现的。因此，要坚持用好"看不见的手"和"看得见的手"，深入推进市场化改革，构建更加完善的要素市场化配置体制机制，减少政府对资源的直接配置，减少政府对微观经济活动的直接干预，加快建设统一开放、竞争有序的市场体系，发挥市场的价格、竞争、供求机制①；加强市场主体权益保护，营造公平、开放、透明的创新环境，保护企业的积极性；落实保护产权政策，破除歧视性限制和各种隐性障碍，加快构建亲清新型政商关系，支持大中小企业融通创新，充分激发各类市场主体活力。

---

① 黄铁苗：《如何使市场在资源配置中起决定性作用》，《人民日报》2014年3月25日。

【思考题】

1. 请结合案例总结，建设高品质商圈，扩大消费的经验做法有哪些？

2. 请结合案例分析，广州促消费扩内需，助力畅通国内大循环的关键点有哪些？

【案例说明】

本案例信息来源主要是媒体的公开资料，以及广州市天河区商务和金融工作局、天河路商会提供的资料，仅供本案例使用。在此向上述为案例分析提供帮助和支持的部门、机构和人员致谢！

努力探索"中小企业能办大事"的高质量发展路径

——以广州开发区为例

中共广东省委党校（广东行政学院）课题组[①]

【引言】2018 年 10 月 24 日，习近平总书记调研广东省广州开发区科技企业加速器园区时，首次提出"中小企业能办大事"的重要论断。习近平总书记指出，创新创造创业离不开中小企业，我们要为民营企业、中小企业发展创造更好条件。各级党委和政府要贯彻党中央关于支持民营企业、中小企业发展的政策措施，在政策、融资、营商环境等方面帮他们解决实际困难。[②]

【摘要】改革发展证明，中小企业发展好，地方经济就有活力，中小企业是国民经济和社会发展的生力军。党的二十大提出，要实现中国式现代化，这离不开中小企业的大力发展。受制于自身实力制约，以及市场竞争规律和现行体制机制的不完善，叠加

---

① 课题组成员：中共广东省委党校经济学教研部彭春华教授、邱洋冬副教授、张震副教授。案例文本由彭春华统一指导完成，邱洋冬与张震共同执笔完成。

② 《高举新时代改革开放旗帜　把改革开放不断推向深入》，《人民日报》2018 年 10 月 26 日。

近年来的国内国际经济形势恶化，中小企业在转型与发展过程中面临着巨大的挑战。普遍面临高端人才招引困难、融资难和融资贵、知识与技术积累薄弱、外部资源获取难度较大等问题。

为破解中小企业发展难题，促进中小企业高质量发展，广州开发区在习近平经济思想指引下，坚持问题导向，以钉钉子精神抓落实，形成一套"以创新发展理念引领中小企业高质量发展"的成功经验：引导中小企业走专业化、数字化、绿色化、国际化与品牌化发展路径，针对不同类型中小企业、中小企业的不同发展阶段，打造"强化四大要素供给+实践四大创新模式"的个性化服务。

经过五年的实践探索，广州开发区"以创新发展理念引领中小企业高质量发展"的做法取得扎实成效。2021 年 10 月，工信部正式批复同意《广州市黄埔区、广州开发区"中小企业能办大事"创新示范区建设方案》。目前，广州开发区综合实力稳居全国经开区第二、工业百强区前三，地区生产总值、实际使用外资等 7 项主要经济指标排名全国经开区第一，被中小企业点赞为"离成功最近的地方"。

【关键词】中小企业；创新生态；专精特新

一、背景情况

中小企业是产业体系中不可或缺的组成部分，推动中小企业高质量发展是建设现代化产业体系，巩固壮大实体经济根基的重要举措。党中央、国务院高度重视中小企业高质量发展，2018 年 10 月，习近平总书记在视察广州科学城时与广州开发区有关中小企业家亲切座谈，肯定广州开发区中小企业发展成效，强调"中小企业能办大事"。广州开发区为深入贯彻落实习近平总书记"中小企业能办大事"的重要指示精神，毫不动摇鼓励支持引导非公有制经济发展，勇立潮头、先行先试，坚决把培育和推动中小企业发展作为头等大事来抓，锚定"专精特新"，全力激发中小企业创新创业创造能力，切实让黄埔区、广州开发区成为"中小企业能办大事"重要践行地。为此，广州开发区先行先试打造全国首个"中小企业能办大事"创新示范区，全力冲刺"万亿制造"，推动科学城成为高质量发展"黄埔样本"。广州开发区始终牢记习近平总书记科学城"五年大变化"和"中小企业能办大事""创新、创造、创业离不开中小企业"的殷殷嘱托，抢抓"双区"建设、"双城"联动重大机遇，积极利用横琴、前海、南沙、河套四个重大合作平台，全力打造粤港澳大湾区高质量发展核心引擎，经济社会发展取得了历史性成就，但相应的问题也日益凸显，尤其是中小企业的发展备受关注。

E. F. 舒马赫的经典著作《小的是美好的》让人对中小企业眼前一亮，但中小企业在激烈的市场竞争中突围不易。中小企业的最大活力来自创新，最大难题也来自创新。其一，中小企业创新面临重重阻碍，倒逼政府更加积极作为。创新资源有限、项目支持少、企业融资难等问题是中小企业创新过程中普遍面临的关键桎梏。2018 年习近平总书记在调研广州开发区时明确提出，"我们要为民营企业、中小企业发展创造更好条件"[1]，在政策、融资、营商环境等方面帮他们解决实际困难。其二，"专精特新"是中小企业谋创新求发展的必由之路。中小企业在资金、人才等

---

[1] 《高举新时代改革开放旗帜　把改革开放不断推向深入》，《人民日报》2018 年 10 月 26 日。

资源禀赋方面先天不足，抗风险能力弱，只有依赖科技创新走差异化、精细化、特色化的发展道路，才能在竞争中脱颖而出。

二、主要做法

广州开发区始终把科技创新摆在推动中小企业高质量发展的核心地位，引导中小企业走专业化、数字化、绿色化、国际化与品牌化发展路径，针对不同类型中小企业、不同中小企业的发展阶段，探索形成个性化服务的"强化四大要素供给+实践四大创新模式"发展经验。

广州开发区科技企业加速器园区内耸立一块镌刻着"中小企业能办大事"的石碑

（一）强化四大要素供给

1. 加强技术要素供给

一是建设高水平新型研发机构。以粤港澳大湾区国际科技创新中心重要引擎，建设重大科技基础设施和高水平新型研发机构，推动研发机构和中小企业构建产业技术创新联盟，集中攻克一批关键共性技术、前沿引领技术、现代工程技术和颠覆性技术，为中小企业创新发展充分赋能。

二是持续完善技术供给体系生态。完善"创客空间（苗圃）—孵化器—加速器—科技园"大孵化器发展模式，构建"交流平台+投融资平台+瞪羚计划"的加速体系，形成全链条科技成果转移转化机制。深化科技成果使用权、处置权和收益权改革，率先开展赋予科研人员职务科技成果所有权或长期使用权试点，探索政府资助项目科技成果专利权向中小企业转让和利益分配机制。

典型案例

科技创新平台精准化对接活动——走进视源电子

2024年1月18日上午，广州市科技局市管一级调研员李江带队，会同13家科技创新平台、高校以及科技服务机构负责人，与广州视源电子科技股份有限公司中央研究院院长曾美玲等开展精准化对接活动。精准化对接活动支持龙头企业围绕用户体验定义技术和产品标准，提出更多技术攻关需求和科学问题，并以此为目标导向，推动科学、技术、产业、人才、生态等全链条深入融合发展，不断提升产业创新发展动能，赋能广州经济社会高质量发展。

在本次活动中，视源电子介绍了本行业发展现状，以及制约本行业、本企业发展的技术瓶颈或者需要转型升级的重点技术领域。13家平台机构向视源电子介绍了本机构的专业科研队伍、先进制造技术、基础软件等支撑力量，以及能够为视源电子提供的技术、产品、服务或者其他方面合作的意见和建议，并纷纷表示未来将以应用端企业需求为导向，全力为视源电子等龙头企业解难题、献技术、送服务、促发展，不断提升供给侧创新能力和产品质量。

视源电子副总裁黄健表示，此次对接会带来人工智能等先进技术的对接，有望为该公司教育、会议、医学影像、工业检测等产品的质量提升，以及正在孵化的服务机器人、汽车电子等前沿产品的研发带来帮助，进一步提升公司创新能力。

2. 强化金融服务供给

一是打造中小企业线上线下一体化综合性融资服务平台。强化银企对接，建立健全中小企业常态化融资对接和科技信贷风险补偿机制，持续完善中小企业金融创新服务超市，设立民营及中小微企业首贷、续贷服务中心，搭建广州开发区民营及中小微企业信用信息和融资对接平台，支持商业银行以科技贷、银税贷等形式定向为中小企业融资。加强与广东省中小微企业信用信息和融资对接平台、广东省中小企业融资平台等重大综合性金融服务平台的对接，提高银企对接效率。

二是持续丰富融资渠道及融资工具。积极参与国家中小企业发展基金第三批的申报工作，重点投资种子期、初创期成长型或拥有关键核心技术的中小企业。争取国家和省市支持，支持商业银行在科学城创建科技分行、在知识城创建知识产权分行。支持符合条件的区内中小企业发行集合债、集合票据、私募债、创新创业债、绿色债等新型债券，以及在广东股权交易中心挂牌融资、发行各类创新型融资工具，特别鼓励股权投资机构对处于种子期、起步期的创业早期企业开展天使投资。统筹落实 3 个百亿元产业投资基金和计划，大力支持先进制造业、现代服务业、战略性新兴产业等领域的企业做大做强。

三是进一步优化创业投资政策环境和市场环境。完善"天使投资—风险投资（VC）—私募股权投资（PE）"一体化股权投资链，建立覆盖企业成长各阶段和重点战略性新兴产业领域的股权投资体系，推动打造全国领先的创业投资中心。降低企业融资成本，对企业融资中产生的银行利息、债券利息、保险保费等给予补贴。

3. 增强人才要素供给

一是加大人才招引培训力度。加快建设清华珠三角研究院粤港澳青年创新中心，推动粤港澳大湾区青年创新创业基地建设，以项目促进区内港澳高科技人才引进。建设国家级人力资源服务产业园，聚集国内外知名服务机构为民营及中小企业提供精准服务。充分利用 10 亿元黄埔人才引导基金，引导社会资本大力扶持本区初创期、成长期的高层次人才或港澳青年创新创业项目。对中小企业引进的中高级管理人员和技术骨干，予以入户指标重点倾斜并放宽使用条件，优先安排入户指标。支持中小企业"高精尖缺"人才纳入"珠江人才计划""岭南英杰工程"和"广州市产业领军人才"等培养计划。

二是创新人才服务体系。坚持"上管老""下管小"，建立人才引进专属经纪人和生活人才管家机制，加快完善生活服务、生产服务、商务服务、公共配套服务等设施，打造自然优美、生活舒适、环境宜人的良好环境，满足中小企业创新人才需求。常态化开展培育科学企业家和中小企业经营管理领军人才计划，每年推荐不少于 100 名优秀企业家、300 名高级管理人员和技术人员。

三是探索人才培养新模式。以科研院所、科技孵化器等为载体，建设一批高层次创新型人才培养基地，为中小企业培养中青年创新后备人才。以知名企业和重大项目为依托，采取企业主体、政府资助的形式，大力引进和培育一批职业素养高、创新意识和经营管理能力强的职业经理人。参考横沙产业园赵宇亮院士领衔的智能传感"院士小镇"项目模式，打造一批"院士小镇"，建立专家轮值讲师机制，为中小企业提供高端人才培训。

4. 创新用地资源供给

复制推广鱼珠片区"村级工业园与数字经济互促共融"发展模式，试行新批工业用地"标准地"制度，实行工业用地先租赁后出让、弹性年期出让，对届满符合续期使用条件的，采用协议出让方式续期。鼓励企业通过自建厂房、厂房加层、厂区改造、内部土地整理、开发建设地下空间等途径提高土地利用效率和容积率，改造后房屋不分割转让的，不计收土地出让金。鼓励利用低效闲置存量工业用地和厂房，支持发展战略性新兴产业、中国民营 500 强企业和广东省优质企业。属于优先发展产业且用地集约的制造业和重点商贸服务业项目，土地出让底价在不低于土地取得成本、土地前期开发成本和按规定应收取的相关费用之和的前提下，按所在地同等用途土地最低价的 70% 执行。

（二）实践四大创新模式

1. 探索"产学研协同"创新模式

一是构筑"产学研协同"新生态。高标准推进工信部 7 所部属院校科技成果转化中心建设，加强人才、技术等交流共享，畅通新型研发机构、创新研究院等与中小企业的协同创新渠道，以平台搭建助力科技成果转化破冰，真正实现科技成果产业化。围绕区内信创、集成电路、智能传感器、生物医药、新材料等重点产业链关键技术需求和"卡脖子"技术短板，建设重大科技基础设施和高水平新型研发机构，推动研发机构和中小企业构建产业技术创新联盟，促进实验室技术向实际产品转移转化以及技术转移扩散和首次商业化应用，保障产业链、供应链安全。

二是重点打造一批以制造业创新中心为核心的创新平台。以制造业创新中心联动学术界、产业界、政界三方资源，引入相关院士级别研发团队，配备高端实验室，储备前沿技术研发能力，推动中国科学院广州生物医药与健康研究院、清华珠三角研究院、中新国际联合研究院、中国智能装备研究院、广东省机器人创新中心等研究机构与企业技术中心、工程实验室、产业创新中心资源整合，共建行业共性技术平台、新型科研机构或产业研究院等，形成"产业共性技术研发—公共服务—企业孵化—产业化转化"企业创新服务链条，以尖端技术带动技术产业化发展，抢占产业链附加值高端，推动产业发展向高端化演进。

三是探索技术经纪人等新模式。探索推动科研机构独资设立资产管理公司的"黄埔模式"，通过资产划拨等方式将科技成果转移至公司法人，再由该法人将科技成果作价投资。引进培养一批专注于科技成果转化的技术经纪人，加强科技金融、科技中介、知识产权运营和保护等知识的培训，对在科技成果转移转化过程中作出突出贡献的，可按一定比例的股权收益给予激励。

2. 探索"大中小融通"创新模式

围绕"主导产业引领、龙头企业带动、产业生态支撑"，依托工信部大中小融通特色载体这一抓手，以"产业载体+龙头引领+企业抱团+平台赋能"模式，推动大企业和中小企业之间广泛开展资源开放、能力共享、技术共用，借助龙头企业在技术平台、市场、人才等方面的资源优势，为中小微企业提供从生产场地、研发仪器设备租赁共享等全方位专业孵化服务，打造具有"黄埔特色"的大中小企业融通型特色载体。

一是推动大中小融通特色载体建设。探索"政策扶持+社会资本"双管齐下，以龙头企业为牵引的村级工业园改造的新模式。鼓励龙头企业盘活村级工业园，打造一批"大中小企业融通"发展的特色载体。通过龙头企业在技术平台、市场、人才等方面的资源优势，为中小微企业提供从生产场地、研发仪器设备租赁共享等全方位专业孵化服务，并为进驻的项目提供产业化指引，实现科技成果快速产业化，实现产业集群的快速发展和协同创新。二是推动大中小融通模式推广复制。以视源电子为示范标杆，鼓励企业开放创新资源和平台开展企业协同创新，激发企业创业团队催生新的创业项目，并采用母公司出资成立子公司的方式对有前景的创业项目进行开发运营，实现产业链条的良性循环，形成"内生创新、体外孵化"的孵化新模式。以达安基因为示范标杆，鼓励骨干企业围绕产业链上下游孵化新项目，依托企业产业优势和科研实力，为上下游初创企业提供企业发展必需的人才、技术、资金等要素，推动初创企业快速发展，利用"外延孵化"模式实现产业链快速延伸，提高企业竞争力。

三是深化"基于平台能力开放"的融通模式。鼓励区内中小企业以航天云网、京信通信等龙头企业联合科研机构建设协同创新公共服务平台，降低数字化转型建设成本，深化平台赋能的融通模式。鼓励区内龙头企业带动中小企业共同建设开放创新平台，为产业链中的中小企业提供产品需求、产品质量、流程标准等一揽子信息支持，推进实现产能整合和资源优化配置，提高创新转化效率。

3. 探索"平台化赋能"创新模式

一是由政府牵头打造中小企业监测服务平台。围绕融资服务、技术服务、资源共享服务，挖掘、遴选、引进中小企业服务的优秀平台，通过"直接补助平台运营成本""以用代补"等形式，为区内中小企业提供更加丰富的研发、创新等资源，增强民营及中小企业持续发展能力。利用互联网、大数据等手段，加快建设完善中小企业服务和监测平台，利用数字化手段更好地监测中小企业运行情况，对中小企业发展态势及时进行研判、科学预警，建立网格化中小企业服务网络，真正做到"企业吹哨、部门报道"，健全事项办理和诉求受理办理等功能。

二是政企合作打造中小企业公共赋能平台。重点面向制造业，采取"平台让一点、政府补一点、企业出一点"的支持方式，依托工业互联网、区域级5G虚拟专网平台等，为中小型企业采购平台、数字化转型服务商提供的5G、工业互联网等数字化产品和服务予以适当补助，进一步降低企业"上云赋智"的门槛和成本。新认定一批优质中小企业公共服务示范平台，加强对示范平台规范管理，强化对中小微企业技术、创业、培训等服务。

三是鼓励龙头企业搭建技术支撑服务平台。支持具备较强实力的工业互联网平台或技术服务龙头企业，整合产业生态合作伙伴资源，根据不同行业的特点，为中小型制造企业开发提供低成本、快部署、易运维的数字化产品和服务。

4. 探索"集群式发展"创新模式

一是建立"专精特新"园区。围绕八大战略性产业集群建设，充分发挥龙头企业、"链主"的引领带动作用，以产业链和供应链为核心，建立"专精特新"园区，促进中小企业"专精特新"集群发展。

二是探索建设政策性通用厂房。探索由政府和区属国企出资，为中小企业提供公益性、低成本的经营场地，搭建出租厂房公共交易平台，方便厂房业主和中小企业在平台上交易，降低交易成本。

三是打通产业链，畅通内循环。聚焦汽车电子、新一代信息通信、智能装备等战略性产业集群，发挥重点产业链、龙头企业、重大投资项目牵引作用，以大带小、以点带面，推动全链条协同发展，持续征集企业的配套产品信息，搭建对接配套平台，促进区内外、市内外、省内外产业链对接融合，实现资源配置和市场分工的有机结合，畅通内循环，推动产业集群式发展。

（三）中小企业成长案例

广州洁特生物过滤股份有限公司（简称"洁特生物"）是国内唯一掌握"3D 细胞培养支架及细胞灌流培养系统"技术的科技企业，2020 年上市科创板，2021 年成长为国家级专精特新"小巨人"企业。广州禾信仪器股份有限公司（简称"禾信仪器"）是一家专注于质谱仪器自主研发、制造、销售及技术服务的科技企业，2019 年成长为国家级专精特新"小巨人"企业。广州鹿山新材料股份有限公司（简称"鹿山新材"）是一家专注于绿色环保型高性能功能性高分子材料企业，2022 年上市。……大量中小企业的成功，是其多年潜心科技攻关的结果，更是广州开发区落实"中小企业能办大事"理念的缩影。

1. 初创时期聚焦"立起来"

洁特生物凭借 6 年研发，成为业内冒尖企业，一美国公司希望来洽谈合作。但此时洁特生物办公面积不过 80 平方米，创始人袁建华选择向广州开发区借用一间会议室。袁建华与美国公司代表在会议室的良好互动让洁特生物的产品迅速走向世界。禾信仪器在 2006—2008 年处于创业低谷期，最困难时公司账上只剩 2 万元，寻求投资四处碰壁，员工逐渐流失。知晓这一情况后，广州开发区科技局牵头，禾信仪器与广州科技风险投资有限公司、凯得科技创新投资有限公司等签订投资协议，共募集融资资金 500 万元，帮助禾信仪器渡过了创业难关。

2. 成长阶段助推"做强做大"

2020 年洁特生物因订单增长迅猛，需对外租赁厂房仓库补充生产能力，成本迅速增加。适逢广州开发区推出提高工业用地效率的政策。洁特生物提出提容和修规申请后，黄埔区职能部门进行全流程指导，仅用时 6 个月就完成方案批复，项目动竣工时间提前至少大半年。2012 年鹿山新材进入发展的重要转折期，急需增资扩产。此时，广州开发区正加大力度推进知识产权质押融资政策。凭此政策，鹿山新材多次获得融资，使公司以较低的融资成本保障了科技创新、专利创造所需的资金，保证其科研成果转化为产品并占有市场，企业迅速壮大。此外，禾信仪器等企业发展中实现科技成果快速转化，产品迅速走向全球，广州开发区提供的应用场景与示范平台功不可没。

3. 成熟时期培育"产业链条"

在洁特生物之前，我国没有与生命科学研究工具相应的管理办法，这导致洁特生物在上市过程中，审核部门无法对其所在领域进行划分，存在不理解制造"塑料瓶"凭什么登陆科创板的状况。黄埔区相关职能部门了解情况后，全力协调帮助洁特生物实现上市。上市后，洁特生物延伸产业链，打造产业集群，促进大中小企业融通发展，实现由点到面到链的良好局面。2021 年，广州开发区在全国率先推出"专精特新 10 条"，为"专精特新"企业开辟金融扶持绿色通道，禾信仪器等一批"专精特新"企业在政策激励中加速成长。禾信仪器的成长壮大提振了行业信心，目前国内质谱仪企业已有约50家，其中不少研发人员正是从禾信仪器走出去的。

（四）广州开发区"五年大变化"

1. 市场活力竞相迸发，发展质量更"高"

五年来，广州开发区始终秉承"一切为了企业、一切为了投资者"的开发区理念，持续弘扬敢为人先的开发区精神。

一是各项指标稳居全国经开区前列。2018—2022年，地区生产总值从3131.62亿元增长到4313.76亿元，增长37.7%；规上工业总产值从7602.67亿元增长到8873.82亿元，总量保持全市各区第一；固定资产投资从1165亿元增长到1921亿元，增长64.9%；实际利用外资从148.7亿元增长到193.8亿元，排名全国经开区第一，外商直接投资金额连续4年稳居全国经开区首位。5项主要经济指标保持全国经开区第一，综合实力稳居全国经开区第二。

二是优质中小企业竞相涌现。以"创新型中小企业—专精特新中小企业—专精特新'小巨人'企业—制造业单项冠军企业"梯度培育为主线，分级构建优质企业动态培育库。至2022年培育制造业单项冠军企业（产品）18家，占广州市75%；国家级专精特新"小巨人"企业61家，约占广州市数量的一半；省级专精特新企业1092家，占全市30%；创新型中小企业1472家，占广州市26%，全市第一。上市企业由2018年的49家上升至77家，数量位居全市第一、国家级经开区第一，企业上市竞争力全国区县领先。

表 广州开发区 2018—2022 年科技企业培育情况

年份	高新技术企业（家）	省级专精特新中小企业（家）	国家级专精特新"小巨人"企业（家）	单项冠军企业（家）
2018	1640	9	—	2
2019	2037	44	2	4
2020	2128	70	7	7
2021	2291	138	33	12
2022	2573	1092	61	18

2. 创新要素加速集聚，科创实力更"强"

2018 年—2022 年五年来，作为广州实体经济主战场、科技创新主引擎、改革开放主阵地，广州开发区聚力打造走在前列作出示范的产业创新优势和融通创新优势。

一是企业核心技术攻关能力明显增强。2018—2022 年，研发投入强度从 3.4% 增长到 6.1%，处于国际先进水平，成为广州市首个超 6% 的区域。高新技术企业数量从 1640 家增长到 2573 家，增长超 36%，稳居全国经开区第一。截至 2022 年 12 月，全区"专精特新"企业共有 494 家拥有有效发明专利 6907 件，全市最多，是排名第二的 3.2 倍多，增速为 22.5%。在全市"专精特新"企业有效发明专利量前十位中，黄埔占 8 家。在核心电子元器件领域，创天电子射频微波陶瓷电容器和微波芯片电容器填补国内空白；在工业软件领域，佰聆数据电力大数据分析平台凭借领先的增强分析及智能决策技术、分析导图技术能力实现国产替代；在先进材料领域，嘉德乐科技采用蒸馏单硬脂酸甘油酯提纯技术提取的产品含量超过 99.9%，达到全球最高水平。

二是创新链与产业链深度融合。28 家大院大所面向中小企业精准提供规模化、定制化和敏捷化科技服务，重点提升关键装备、核心元器件和关键材料的自主化程度和保障能力。黄埔材料院与粤芯半导体围绕光刻胶等 10 多项"卡脖子"材料开展定制化联合攻关；广大黄埔研究院与 20 余家中小企业合作解决信息技术领域安全、自主、可控的技术难题。"龙头引领+企业抱团+平台赋能"融通创新生态体系初具雏形，为上下游配套产业企业和关联产业企业提供集技术融通、信息融通、数据融通、运营融通等一体化的融通服务。

三、经验启示

（一）加强顶层设计与强化战略规划引导，走差异化策略推动中小企业高质量发展

广州开发区"中小企业能办大事"创新示范区的成功首先在于顶层设计。推进中小企业高质量发展，高筑"中小企业能办大事"创新示范区基础建设，需要加强顶层设计与统筹规划。总体而言，广州开发区始终把科技创新摆在推动中小企业高质量发展的核心地位，针对不同类型中小企业、不同中小企业的发展阶段，探索形成了"强化四大要素供给+实践四大创新模式"的发展特色。这一过程中，差异化发展策略需要在顶层设计与战略规划引导中不断深化发展。关于未来广州开发区中小企业高质量发展，需要紧跟中央政策，合理针对相应战略和实施步骤进行统筹安排，对各类型中小企业的特征、需求、转型升级路径、高质量发展方向进行分类研究，明确其在未来市场发展中所处的位置和能够发挥的作用。对重点行业的中小企业可坚持实施"一行一策"，逐步完善广州开发区"中小企业能办大事"创新示范区的政策方案和实操规划。

（二）合理解构发展任务，精准施策是解决"中小企业能办大事"受限的关键

广州开发区"中小企业能办大事"创新示范区按照中小企业成长的基本历程，在通盘考虑创新示范区总体任务基础上，合理解构中小企业发展任务，集中力量精准攻克"中小企业能办大事"受限的难点。从攻克"中小企业能办大事"受限的视角来看，广州开发区结合实际状况积极主动强化技术要素、金融服务、人才要素、土地资源等要素供给服务网络体系，打造多类型、多支点要素供给综合服务平台，推动要素流动更加顺畅、要素供给更加便利，提升要素交易流动效率，营造市场化、法治化、国际化的一流营商环境。

（三）始终坚持创新为要，紧紧锚定"专精特新"方向，打造中小企业高质量发展梯次格局

广州开发区"中小企业能办大事"创新示范区以培育优质企业为主线，建立动态优质企业库，逐渐形成"两高四新—专精特新—小巨人—单项冠军"梯次发展格局。在这一过程中，广州开发区大力支持中小企业攻克关键核心技术和"卡脖子"技术，打通"卡链处""断链点"，注重发挥大企业引领带动作用，支持科研机构、产业链核心企业、大型企业加大同中小企业研发合作。推动构建大中小企业通融发展产业生态，推动产业链各环节共性技术、设计、生产经营等资源共享，建设上中下游互融共生、分工合作、利益共享的一体化组织新模式，逐步实现线上线下相结合的创新协同、产能共享、产业链供应链互通。涌现出一批掌握独门绝技的"单打冠军"和"配套专家"。如禾信仪器、洁特生物、明路装备等。未来发展过程中应紧跟国际国内发展形势，始终坚持创新，紧紧锚定"专精特新"方向，不断完善开发区中小

企业高质量发展梯次布局，推动不同企业主体持续进入技术创新不同梯队，为中小企业高质量发展提供源源不断的创新技术。

（四）紧扣中小企业数字化方向，开展产业链价值链创新链合作是赋能高质量发展的重要路径

广州开发区"中小企业能办大事"创新示范区的成功表明，产业数字化转型是中小企业数字化的重要方向，其重要途径是对产业开展合作创新赋能。《广州市黄埔区、广州开发区制造业高质量发展"十四五"专项规划（2021—2025年）》指出，要"引导数字经济与制造业深度融合，推动数字技术在研发设计、生产制造、经营管理、市场服务等产业链环节应用，促进制造业全要素、全流程、全产业链的数字化、网格化、智能化发展"。制造业数字化转型既包括企业内部研发设计、生产制造、经营管理、运维服务等各环节的数字化技术和工具的应用，也包括企业间供应链产业链数字化协同以及文化、教育、服务等制造业数字化生态构建，以及普惠平台的协同共建共享等。中小企业数字化方向是赋能高质量发展的重要指引，要加快中小企业数字化赋能，支持中小企业利用互联网对接用户个性化需求，开展基于个性化产品的研发、生产、服务和商业模式创新。广州开发区探索的"大中小融通"创新模式、"平台化赋能"创新模式、"集群式发展"创新模式为不同区域推动中小企业高质量发展提供了鲜明的借鉴。

（五）积极融入国内国际双循环，打通产业链，创建更高水平开放型创新示范区

深入把握RCEP协定签订重大机遇，积极创建"一带一路"合作创新示范区和粤港澳大湾区畅通双循环先行先试区，在市场互联互通、资金有序跨境流动、高端设备材料进口、港澳居民投资便利、跨境数据融合等重点领域率先衔接港澳及国际规则。深化中以、中欧、中沙合作，逐步构建集产业链、投资链、创新链、人才链、服务链于一体的开放创新体系，助力中小企业更好"走出去"。同时，聚焦战略性产业集群，着重推进中小企业适度集聚，以点带面，畅通内循环，链接国际循环。

【思考题】

1. 如何破解中小企业面临的资金难题？

2. 欠发达地区能否复制广州开发区的做法？

3. 中小企业高质量发展过程中如何更好地发挥市场与政府的作用？

美的集团：传统制造业数字化转型的典型样本

中共广东省委党校（广东行政学院），中共佛山市委党校（佛山市行政学院、佛山市社会主义学院、佛山市经济管理干部学院）课题组[①]

【引言】以习近平同志为核心的党中央高度重视数字化发展，明确提出建设数字中国的战略部署。在首届数字中国建设峰会上，习近平总书记在贺信中就明确指出："加快数字中国建设，就是要适应我国发展新的历史方位，全面贯彻新发展理念，以信息化培育新动能，用新动能推动新发展，以新发展创造新辉煌。"[②] 作为制造业大省，广东传统制造业企业如何实现数字化转型是一个迫切需要解决的问题。美的集团近年来的发展堪称广东省传统制造业企业数字化转型升级的一个典型样本。

【摘要】作为广东制造业的代表性企业之一，美的集团的数

[①] 课题组成员：中共广东省委党校赵祥、李田、麦景琦；中共佛山市委党校黄琼、穆向民、付升华。

[②] 《习近平致首届数字中国建设峰会的贺信》，《人民日报》2018 年 4 月 23 日。

字化转型是内外部因素共同推动下作出的重要决策：一方面，数字经济发展、欧美先进国家"再工业化"等外部因素使传统制造业发展模式的生存空间受到挤压；另一方面，企业原本的经营模式陷入瓶颈，并暴露出其无法有效应对市场需求变化的弊端。为重新塑造企业竞争力，美的集团经历十年四个阶段，以数字化的战略转型、智能化的创新驱动、一体化的供应链协同、多元化的渠道变革为主要路径成功实现数字化转型，实现了企业发展模式"从要素驱动到数据驱动、从产品导向到用户体验、从产业关联到企业群落、从竞争合作到互利共生"的四个转变。

美的集团的数字化转型实践启示我们，在传统制造业数字化转型过程中，要构建市场主导和政府引导有机统一的机制，营造企业转型的良好外部环境；要构架良好的产业生态，夯实数字化转型的基础；要强化企业内部顶层设计，系统推进数字化转型战略实施；要升级人才结构，完善人才培养和引进机制；要构建风险分担体系，引导企业外部资源助推数字化转型。

【关键词】美的集团；传统制造业；数字化转型

美的集团股份有限公司（简称"美的集团"）作为中国家电行业首个跻身世界 500 强榜单的领军企业，自 2016 年进入榜单后始终稳居中国家电企业榜首的位置，在 2023 年《财富》世界 500 强排名中位列 278 位，连续 8 年入选。面对日益激烈的市场竞争，美的集团为何能够脱颖而出，发展成为中国最具竞争力的家电企业？回顾过去十多年，美的集团的成功在很大程度上要归功于数字化转型所带来的企业运营效率和技术实力的全面提升，美的集团也因此从传统的家电企业成功地向全球性科技集团转变。

一、背景情况

当今世界正经历百年未有之大变局，一方面，数字经济已经成为全球经济发展的新引擎，深刻改变着传统制造业的生产方式；另一方面，全球经济发展的不稳定性、不确定性因素明显增强，对于广东省传统制造业企业而言，既充满机遇，也存在众多挑战。

（一）宏观上数字经济正在重塑国际产业竞争格局

随着大数据、云计算、物联网、人工智能等信息技术的突破，数字经济在全球产业发展中的重要作用进一步凸显，为制造业转型升级提供了新动能，重塑了国际产业竞争格局。2008 年国际金融危机爆发后，欧美等工业先进国家逐步认识到"去工业化"对经济社会带来的严重危害，积极寻找回归实体经济的发展道路，相继提出基于数字化的再工业化战略，中国制造业遭受高端制造业向发达国家回归以及中低端制造业向发展中国家转移的"双向挤压"。在此背景下，长期以来我国制造业高投入、高消耗、高排放的粗放型发展模式的弊端日益显露，制造业大而不强、缺少核心技术等瓶颈突出。尽管广东制造业发展取得了令人瞩目的成就，但我们必须清醒地认识到，我们离制造业强省还有相当大的距离，广东制造业已跨越了"量的积累阶段"，目前正向以企业核心竞争力全面提升的"质的提高阶段"迈进。

（二）中观上行业竞争加剧导致传统商业模式难以为继

长期以来，我国制造业主要通过 OEM（原始设备制造商）方式嵌入全球价值链中低端的生产加工环节上，而在研发设计、高端制造、品牌经营等高附加值环节上发育不足。传统制造业通过土地、资本、劳动等生产要素的优化组合以及规模化生产来推动产业的迭代升级，但随着边际报酬的递减，传统生产要素的增长能力日渐乏力，市场竞争日益白热化。而随着行业竞争的加剧，以规模为导向、靠投资驱动的传统商业模式逐渐失去了优势，陷入了增收不增利的危机，虽然企业销售收入不断增加，但销售毛利率却逐年下降，整个制造行业的净利润率一直处于较低水平。通过增加要素投入来扩大产能，追求规模效应，而不是通过产品研发提升企业核心竞争力的传统商业模式，导致整个制造业行业创新能力提升较慢，企业盈利能力徘徊不前。

（三）微观上企业的产品和服务无法跟上市场需求升级的步伐

随着人均收入水平的提高，我国市场消费需求持续升级，消费者需要更加个性化、智能化和高端化的产品，尤其是在数字技术飞速发展的今天，产品与服务智能化越来越成为一种常态。对于制造业企业而言，传统的靠规模、拼销售，与经销商、供应商博弈价格差的时代已是过去式。无论是营销还是供应链各个环节，线上变得越来越快，线下对效率要求也越来越高，市场的需求每天都在变。面对不确定性给生产经营体系带来的巨大挑战，企业必须要用数字化手段才能够有效地加以应对，否则便无法在数字化时代生存下来。因此，企业家们必须顺应时代潮流，及时更新观念，努力探索适合自己的数字化转型升级路径，主动应变求变，迎头赶上，才能化解来自消费侧和供应链侧的双重压力，企业才能够发展得更好。

（四）美的集团面临的经营困局

美的集团是中国制造业企业转型升级的一个成功范例，也是中国制造业数字化转型的一个典型样本。1968年成立的美的集团，在改革开放浪潮中，靠低成本优势取得了极大的成功。但随着要素成本的上升和国内市场环境的变化，我国家电行业竞争日益白热化。在同类型企业中，海尔利用互联网商业模式搭建企业内部的创新创业平台，围绕用户进行全流程价值链的重塑，促使海尔从"制造家电产品的传统企业"转型为"面向全社会创客孵化的平台"。格力通过自主研发掌握核心技术，围绕机器人和精密机床两大方向进行自主研发，从单纯的家电制造行业向新能源行业及装备制造产业拓展，在智能制造装备上也闯出了一片天地。面对日益加剧的行业竞争，美的集团"以规模为导向、靠投资驱动"的传统商业模式失去了优势。2010 年，美的集团陷入"千亿企业"增收不增利的危机。美的集团销售总收入首次突破 1000 亿元，跻身"千亿企业俱乐部"，然而，一个出乎意料的问题却摆在美的集团面前。在订单火爆的情况下，美的集团的销售毛利率却逐年下滑、净利润率一直维持在不到 4% 的低水平上。2010 年以前，美的集团每年都要投入数十亿元在全国各地买地建厂扩大产能，各地政府基于招商引资的目的也推出了许多优惠政策助推美的集团的规模扩张。这种经营模式促进了美的集团的高速成长，但仅仅追求规模效应难以带来企业核心能力的提升。由于美的集团将大量资源投入土地、厂房、生产线上而不是产品研发上，直接导致美的集团产品更新换代慢、总体利润率越来越低。随着各项生产要素成本的普遍提高，一旦行业整体需求增长停滞，企业就可能面临致命的打击。

制造业快速扩张的传统模式已经失效，企业要转型，应该怎么转？美的集团用了十多年时间重构数字化转型基础，统一流程、IT 系统、数据标准，逐步从数字化 1.0 进阶到数字化 2.0，从工业互联网逐步走向全面数字化、全面智能化。其间，美的集团建立了数字孪生的智能制造工厂，数字化驱动从用户需求到服务端、线上线下统一、上游下游一致的全价值链，牵手日本工业机器人制造商安川，并购德国机器人巨头库卡、以色列高科技企业高创，打造未来厨房、智能工厂。达尔文的进化论认为，生命能够通过一个叫"自然选择"的过程发生进化，全球工业进化过程也无法摆脱基于"市场选择"的进化规律。站在全球产业革命的前沿，美的集团数字化转型更像是一种基因重构竞争，其产业进化将更具颠覆性。美的集团在战略上将自身定位为"全球领先的消费电器、暖通空调、机器人及自动化系统、智能供应链（物流）的科技集团"。从最熟悉的家电制造行业，跨入陌生的机器人与自动化系统、智能供应链等新领域，美的集团需要重新规划新的发展道路，塑造新的核心竞争力。

表　全国家电龙头企业 2012—2022 年营业收入和利润变化

（单位：亿元）

企业	2012 年		2022 年	
	营业收入	利润	营业收入	利润
美的	1027.13	32.59	3457.09	295.54
格力	1000.84	73.78	1901.51	245.07
海尔	1631	90	3506	252
海信	810	52	1835	122

美的集团 2013—2022 年营业收入和净利润变化

数据来源：美的集团官网。

二、主要做法

从最开始的打基础，到从制造和供应链切入，再到终端用户产品和生产基地，最后到代理商、渠道、库存等环节的不断延伸，美的集团通过数字化科技升级不断延伸企业数字化转型的深度与广度。

（一）美的集团数字化转型的历程

数字化转型从精益生产起步，在精益生产的基础上做到自动化，在自动化基础上推动信息化，在信息化基础上实现数字化，先后经历了数字化 1.0 到 4.0 的四个发展阶段

1. 数字化 1.0 阶段（2012—2015 年）

这一阶段是美的集团数字化打基础的时期，主要任务是解决原来分散式系统所存在的一系列问题。2012 年以前，美的集团基本按照各个事业部分散进行信息化建设，在集团层面没有一个统一的数字化报表，所以 2012 年美的集团提出"三个一"战略，即"一个美的、一个体系、一个标准"。基于这样的战略牵引，美的集团启动了数字化 1.0 项目，也叫"632 项目"。为了推进"632 项目"，集团领导方洪波奔走在 10 个事业部之间，与各事业部高层一遍遍交流，语重心长，也不失雷霆之势，每一位高层都能感受到那隐含着的钢铁般的意志和决心，当年的会场中，首先弥漫着困惑，接着是压力，最后是动力。变革的意识和决心以这种走动沟通的方式逐步建立在一个共识的平台上。高层达成共识之后，接下来就是实施问题。由于美的集团业务繁多，所涉及的数据量庞大，项目团队首先要对包括财务数据、客户数据、供应商数据等在内的主要数据标准进行统一。在此基础上，将各个事业部的数据进行汇总、整理，形成集团统一的数据。在搭建好流

程框架和统一数据标准之后，美的集团决定在家用空调和厨电两个事业部开始试点，启动"632 项目"变革。最大的考验在于这套方案是否适用于所有事业部，而当时美的集团的原则就是"先僵化，再优化，再固化"，即先将方案在每个事业部推行试用，试用一段时间后再提出优化意见，优化之后再固化。经过三年的工作推进，美的集团沉淀出一套适合自己企业的数字化转型的基础和方法论，实现了整个集团所有事业部的流程、数据和系统的统一。到 2015 年，互联网以及智能制造潮流兴起，这一年佛山首次把"工业 4.0"写入全会报告，大力推动企业进行"机器代人"，为制造业数字化转型赢得先机。在此背景下，美的集团引入了大数据、智能制造相关技术，提出智能产品加智能制造的"双智"战略，用数字化转型提升自身的"加互联网能力"，建设了智能制造工厂、大数据平台，并在此基础上将所有系统移动化等。

2. 数字化 2.0 时代（2016—2017 年）

这一阶段美的集团致力于提高基于数据驱动的客户定制能力。2016 年，美的集团步入数字化 2.0 时代，从以往的大规模生产、压货分销模式，逐渐向以销定产、数据驱动型的柔性化生产方向转型。以往制造业最大问题在于，在从物料生产到出货的过程中，库存是非常高的，很容易导致库存积压，同时带来的效率却很低。所以美的集团希望做以销定产，即客户下了订单，才开始生产，同时订单交付时间必须更快。此外，美的集团也希望 C2M 定制化，更加柔性地来做生产管理，及时地把生产计划和重要的供应商以及库存关联起来，达到生产线做完，马上就送到客户的状态，从而减少整体的库存问题，提高效率。美的集团这一变革最早在洗衣机事业部推行。"我们必须有一个新型的模式来拉动产销变革，适应市场的需求。"朱守军说。这位小天鹅 T+3 项目的负责人和伙伴们一度面临窘境：洗衣机行业竞争加剧、增长放缓，还受到电商的强力冲击，与此同时，用户需求愈发个性化。因此，2014 年，小天鹅就开始筹划以客户为导向的产销"T+3"模式的推广。所谓"T+3"模式，指的是不断优化制造流程，通过产供销联动，将收集客户订单、零部件供应、工厂生产以及物流发货四个环节中的每个环节时间压缩至 3 天甚至更短。在"T+3"模式下，工厂在有了订单以后才组织备料和生产、发货等，这就要求整个生产过程要实现全价值链拉通，管理要精细化，产品要标准化、通用化、柔性制造以及物流的集成。同年美的集团董事长兼总裁方洪波以"供给侧结构性改革"为主题的数字化转型在全国进行经验分享。

3. 工业互联网时代（2018—2020 年）

这一阶段美的集团搭建工业互联网平台，着手让单机版的家电变成联网的家电。2018 年，在国家工业互联网政策以及《佛山市深化"互联网+先进制造"发展工业互联网实施方案（2018—2020 年）》的指引下，美的集团启动了工业互联网的试点项目，打造了 M. IoT 工业互联网 1.0，并通过在南沙工厂不断地试验，建设并不断完善美的工业互联网。美的空调广州南沙智慧工厂是美的集团数字化转型的一个成功示范，该厂率先导入美的工业互联网，进行智能化运作。厂区内，依托 5G 技术的生产、物流、安防等应用无处不在，机器人成为生产过程中的"手"和"脚"，"AI 视觉"则发挥"眼睛"功能。广泛使用库卡机器人，精准"掌控"生产流程，而基于 5G 的 MES（生产过程管理系统）生产看板则实时记录、检测每一个生产环节，依托 5G 的"机器视觉 AI"，能够替代传统工人完成产品质检，保障产品安全性。厂区外，依托网络化的"智能寻源"，可精准匹配、挑选供应商，并打通代理商、分销商等数据，实现统销统配、库存透明化。经过工业互联网改造后，南沙工厂的人员从最高峰时的6000人减少至3000人，但工厂的净利润却比改造前增长了近20%。2020年，南沙智慧工厂入选世界经济论坛的"灯塔工厂"① 名单，成为"佛山制造"的一个重要里程碑。2020年，美的集团发布工业互联网2.0，继安得智联、库卡中国之后，先后引入合康新能、美的暖通与楼宇、美的金融、美的采购中心、美的模具五大板块，由此形成了"四横八纵"的赋能制造业升级转型格局。"四横"分别为能力层、应用层、商业层和产业层。其中，"能力层"通过库卡机器人、美的云提供云基础设施等，将这些"能力"向美的集团合作伙伴开放；"应用层"则包括营销领域、研发领域、智能制造领域、管理领域；"商业层"引入八大矩阵，在模具、智慧物流、智慧楼宇等方面实现商业赋能；"产业层"则通过自有的工业互联网平台联合汽车等产业，打造专属行业的工业互联网平台。"八纵"即八个子板块：美云智数、安得智联、库卡中国、合康新能、美的暖通与楼宇、美的金融、美的采购中心、美的模具。

4. 全面数字化智能化时代（2021年至今）

这一阶段美的集团逐步向以数据为驱动的科技集团转型。2021年7月，佛山召开全市制造业数字化智能化转型发展大会，

---

① "灯塔工厂"是全球先进制造领域最具影响力的评选之一，旨在遴选出全球制造业范围内应用第四次工业革命尖端技术的先进制造基地，并让这些领先者的经验成为其他企业的指路明灯，从而促进全球制造行业生产系统的优化。

正式发布了《佛山市推动制造业数字化智能化转型发展若干措施》，以超强力度宣告佛山即将迎来新一轮最大规模的数字化启蒙运动与改造浪潮。在此背景下，作为佛山数字化转型的标杆企业，美的集团又开启了新一轮变革，向以数据为驱动的科技集团转型。早在 2020 年，美的集团就在"产品领先、效率驱动、全球经营"三大战略主轴基础上，启动了"两个全面"，即"全面数字化、全面智能化"，驱动美的集团向以数据为驱动的科技集团转型。基于"两全"战略，美的集团正在集中力量打造三大平台：一是基于智能产品、智能家居的 IoT 生态平台，为消费者提供更好的服务。在美的集团"两全"战略中，数据驱动全价值链运营上升到前端的高度，美的集团在 2019 年成立了IoT 公司，并在 2020 年成立了 IoT 事业部。美的集团 IoT 以"硬件+软件+内容+服务"融合为导向，通过各种各样的场景来驱动硬件的改造，将"懂你的智慧生活"的理念渗透到商业价值链各个环节中。二是基于营销、物流到售后服务的商业运营平台，来打造真正能够实现"人不见人"的交易。在数智技术的推动下，美的集团也开始在新零售领域的布局。美云销平台是美的集团数智转型中的核心成果之一，其集合了产品、物流、客服、金融等各个业务能力，将美的集团和用户、零售商之间联系了起来，实现了不见人就能完成业务的目的。而在整个营销方面，美的集团已经形成了面向 ToB 的美云销平台、面向 ToC 的"美的到家"、美的商城等数字化网络结构，通过数字化为零售赋能，积极布局直播生态，实现了线上线下的融合。三是基于工业互联网平台来实现整个产业链的工业生态。美的集团响应国家"新基建"的号召，将 5G 技术与美的集团工业互联网相融合，加快美的集团数字化、网络化、智能化的发展，使得美的集团全价值链的效率能够得到更大的提升。

（二）美的集团数字化转型的成效

1. 数字化的战略转型

通过持续多年的"一个美的、一个体系、一个标准"的数字化转型实践，美的集团已经成功实现了以软件、数据驱动的全价值链运营，完整地覆盖了研发能力、订单预定、计划能力、柔性制造、采购能力、品质跟踪、物流能力、客服安装等全价值链的各个环节，实现了端到端的协同拉通。在数字化平台上，C2M 柔性制造、平台化/模块化研发、数字化工艺及仿真、智慧物流、数字营销、数字客服等深度变革已成功实践。美的集成 AI 创新中心、软件工程院、IT、IoT、智能家居、机器人与自动化、暖通与楼宇、数字化创新业务等各单位的 IoT 技术能力，打造统一的物联网技术中台。截至 2021 年 6 月，接入美的集团 IoT 开发者平台的产品品类累计超过 100 个，美的智能场景累计执行近 2 亿次，新增联网的智能设备数已超过去年同期的 2 倍，美居 APP 也已服务超 3700 万个家庭。① 面对巨量的数据，美的集团充分挖掘数据价值，通过打造集团级数据中台，集大数据治理、应用、分析于一体，形成体系化的数据流通与决策体系，成为集团大数据的连接器、工具箱、驾驶舱和指挥棒。通过完善数据服务以提升数据流通效率、通过建立数据安全体系以保障数据安全、通过全面深入分析数据资源以提高对用户和产品的感知能力，透过数据银行汇集不同形式的数据应用，提供应用闭环运营环境，推动数据应用生态发展。在数据治理方面，构建以数据中台为核心的用户体验提升体系，探索基于终端用户画像的精准营销与服务；构建以

---

① 数据来源：美的集团 2021 年半年报。

大数据为核心的经营分析及全领域数据驱动体系，对各业务体系进行大数据技术赋能，全面提升经营效能。

2. 智能化的创新驱动

面对家电智能化发展趋势，美的集团坚持全面智能化的创新驱动步伐。一方面，运用数字技术改造全价值链，与业务深度融合，力争成为数字化标杆企业；另一方面，前瞻性布局规划以智能化技术、产品和场景为核心的全新产品、服务和业务模式，在竞争中赶超互联网企业。美的集团持续对人工智能、芯片、传感器、大数据、云计算等新兴技术领域进行投入与研究，拥有家电行业规模最大的人工智能研究团队，致力于以大数据和 AI 为驱动，以智能技术赋能产品，最大限度消除人机交互的阻隔，打造以"没有交互"为目标的智能家电产品。美的产品与智能家居厨房场景领域深度融合，以悦家嵌入式厨房套系为例，灶具采用最新的潜芯匀温燃烧器，双智能炉头设计，搭载智能烹饪算法，复刻米其林大师级别烹饪曲线，实现自动烹饪并搭配超过 50 种智能菜谱；洗碗机采用行业首创中式模块化碗篮，减少用户弯腰次数，省时 30%，同时搭载行业首创立体净喷臂，洗净率提升 60%。

3. 一体化的供应链协同

对于供应链管理，美的集团在结合"T+3"业务模式的基础上，联合供应链商业伙伴，共同打造智能供应链，推动实现供应链协同。美的集团旗下的科技创新型物流公司安得智联，是美的集团实现供应链一体化、智能化的核心引擎，全面应用数字化管理技术，运用大数据技术实现对全国物流网络的优化管理，打造智能化和数字化的全网配送服务平台。聚焦资源投入城乡配送领域，实现全国区、县、乡、镇无盲点全程可视化直配。基于遍布全国的近 140 个城市物流配送中心，可覆盖全国 97% 以上乡镇，24 小时内可送达 2.1 万个乡镇，可覆盖乡镇总数的 51%；48 小时内可送达 3.8 万个乡镇，可覆盖乡镇总数的 87%。同时，安得智联为公司的"T+3"业务模式变革提供了物流支持，构建了高效仓配一体服务，整合线上线下的营销活动与物流仓配资源，降低运营成本；聚焦拉通 ToC 服务全流程，持续深化送装服务网络构建，实现送货安装一体化，提升用户服务体验。

4. 多元化的渠道变革

伴随线上电商渠道的普及与线下新零售实体店的高速发展，家电市场由"代理商—批发商—零售商"所构成的传统营销渠道层级体系正逐步瓦解。美的集团打通线上线下渠道，围绕用户购买，完成线上线下所有购买链路的场景标准化规范梳理及落地执行，把不同场景准确分配到用户可直接触达的渠道中，实践用户思维落地，推动用户购买直达。经过多年发展与布局，美的集团已形成全方位、立体式市场覆盖。在线下成熟的一、二线市场，公司与大型家电连锁卖场一直保持着良好的合作关系，而对于在广阔的三、四线市场，公司以旗舰店、专卖店、传统渠道和新兴渠道为有效补充，渠道网点覆盖全市场。在线上，美的集团充分利用品牌优势、产品优势、线下渠道优势及物流布局优势，快速拓展电商业务与渠道，进一步融合年轻消费群体的全新生活方式，通过数据平台深入了解用户需求，提供体验和功能俱佳的产品，同时聚焦用户运营分析，通过新媒体广告投放，打通从入口产品到关联产品的转化路径，稳步提高套购率，打造全屋家电销售能力，进而实现主流电商平台销量的快速增长。2020 年，美的集团全网销售规模超过 860 亿元，同比增幅达到 25% 以上，在天猫、京东、苏宁易购等主流电商平台连续多年保持家电全品类第一的行业地位。此外，美的集团坚持业务布局，持续推进海外渠道建设，集中优势资源突破重点渠道，近年来在海外市场大幅增加自有品牌销售网点，激发渠道活力，提升渠道占比，利用数字化工具赋能，提升全渠道价值链效率，重点发力 D2C 渠道，贴近消费者，提升用户直达的能力；深化渠道变革和赋能，持续推进促活、提效工作，为核心渠道通路搭建美的集团海外渠道的数字化协作平台，实现多级客户的产品订制、订单采购、自动结算对账、政策直达、直播培训等一站式服务；建设海外商业数字化，持续加强海外业务数据分析能力，重点建设电商数据分析平台、零售门店导购监测、海外数据自助分析与产品分析及智能预警模块，切实推进国际数字化经营转型驱动的持续深化，以实现数据透明共享和协同效率提升。

美的集团数字化转型是对全价值链的整合，极大地提高了企业运营效率。"产品领先"战略促进美的集团推出更多创新产品，试产周期不断缩短，成本大幅下降；"效率驱动"战略使企业管理得到全面优化，人员从近 20 万人减少至 14 万人，现金周期从30 天缩短至 6 天以下，仓库面积从 800 多万平方米缩小至 200 万

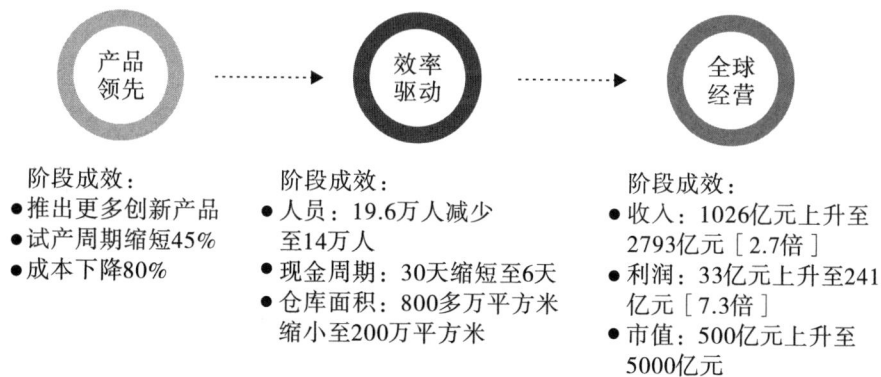

产品领先 → 效率驱动 → 全球经营

阶段成效：
●推出更多创新产品
●试产周期缩短45%
●成本下降80%

阶段成效：
●人员：19.6万人减少至14万人
●现金周期：30天缩短至6天
●仓库面积：800多万平方米缩小至200万平方米

阶段成效：
●收入：1026亿元上升至2793亿元〔2.7倍〕
●利润：33亿元上升至241亿元〔7.3倍〕
●市值：500亿元上升至5000亿元

美的集团数字化转型的阶段性成效

平方米；"全球经营"战略切实提升企业收益，推动美的集团营业收入从 2012 年的 1026 亿元上升至 2019 年的 2793 亿元，收入增长了 2.7 倍，利润从 33 亿元上升至 241 亿元，市值从 500 亿元上升至 5000 亿元。

三、理论解析

数字经济赋能制造业转型包含了"投入—产出—企业—产业"四个维度，分别实现"从要素驱动到数据驱动、从产品导向到用户体验、从产业关联到企业群落、从竞争合作到互利共生"的四个转变，为制造业新模式、新业态和新理念提供重要支撑①，是数字经济时代企业综合竞争力提升的重要途径。

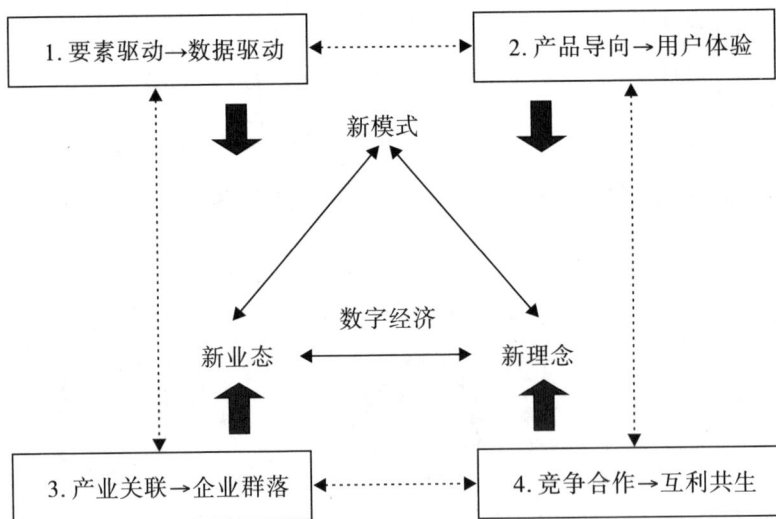

数字经济赋能制造业转型的分析框架

---

① 焦勇：《数字经济赋能制造业转型：从价值重塑到价值创造》，《经济学家》2020 年第 6 期。

（一）从要素驱动到数据驱动

美的集团数字化转型让我们意识到，当前我们正处在一场大变革的时代，这场变革非常重要的特征就是我们将从工业经济进入数字经济的新时代。在工业经济时代，我们通过土地、劳动、资本等生产要素的规模化投入和优化组合推动着产业结构的迭代升级。但随着边际报酬递减，传统生产要素的增长动能已经日渐乏力，瓶颈约束也是日益凸显。而在数字经济时代，经济的发展、价值的创造、服务的内容、价值交换的形式会更多地以数据信息内容为主，数据将成为重要的生产要素，数据的高效清洁、低成本、可复制以及海量获取等特点克服了传统生产要素的固有缺陷，且具有"高乘数"效应。数字基础设施的建设和无形资产的投资虽然前期的固定投资成本较高，可一旦成功，边际使用成本较低甚至无限趋于零。因此，数字经济是一种绿色、创新、可持续的高质量经济范式，是能够引领产业结构升级的新动能。随着数字化的深度发展，数据正在充分渗透制造的各个环节，成为促进制造理念变革的关键变量，推动制造业企业生产投入实现从要素驱动到数据驱动的转变。

（二）从产品导向到用户体验

10年来，美的集团一直致力于提高基于数据驱动的客户定制能力，体现了从产品导向向用户体验的转变。在以往传统制造业发展过程中，产品导向极为重要，在追求规模化生产与个性化产品之间，往往规模经济成为企业首要考虑的因素，追求规模化的大批量生产，快速抢占市场，是企业实现利润最大化的主要手段，因此，在这一时期顾客的个性化需求往往被抑制。而随着经济快速发展，人民生活水平不断提高，在需求端，多样化、个性化、高端化的需求潜能被日益释放出来，规模化、单一化、低端化的产品供给越来越难以跟上需求升级的步伐。基于制造业接续转换的实际要求，制造业既要考虑消费者的个性化需求，又要兼顾规模生产的成本优势，如何解决规模化生产与个性化定制需求之间的矛盾，成为传统制造业企业亟须解决的难题，而数字经济的发展为解决这一难题提供了路径。随着数字经济向制造业领域的不断渗透，借助信息与数据的不断黏合，个性化的定制需求转化为规模化的定量生产成为可能，推动制造业逐步摆脱以产品为导向的理念，转而向以不断提升客户体验为动力。

（三）从产业关联到企业群落

通过打造工业互联网平台，美的集团集聚了上下游 5000 多家供应商，从订单到排产、物料的采购、生产以及到最后的出货，所有数据都能上云上平台，从而形成了云端数字化产业链。传统制造业的发展过程中，提升产业规模、产业集群发展、延伸产业链是主要手段。因此，制造业企业间也一般因产业上的关联或是地理上的集聚发生关系，不管是产业维度上的关联还是地理位置上的产业集聚，在给企业带来规模经济、降低交易成本、技术进步、提高经济效益的同时，这种"产业关联""地理集聚"的连接方式也会导致发展上的路径依赖，往往给企业带来较大的不稳定性以及外部风险等问题。而数字经济时代，随着信息技术的突飞猛进，各要素整合所形成的巨额经济利益激励着企业之间打破"信息孤岛"的藩篱，平台开始发展成为重要的数据、技术集散中心，企业之间的关系也因此从"产业关联""地理集聚"等传统连接关系向"产业生态""虚拟集聚"的新型连接关系转变。制造业企业的发展也不再单纯考虑企业的投资意愿、企业的经营利润，而是更多地选择抱团取暖，形成以平台为主导的企业群落。例如，在医疗健康领域，美的集团已与近 6000 家医院建立合作关系，美的医疗于 2022 年 7 月对外发布"尊重生命的每一秒"的品牌使命和五大医疗场景解决方案，涵盖医技楼场景、手术部场景、门诊药房场景、住院病区场景以及后勤指挥中心场景。其中，医技楼场景是通过万东医疗、美的生物医疗等技术融合，提供全身各部位等影像检查诊断和智慧冷链监控系统、智慧实验室管理系统等。

（四）从竞争合作到互利共生

当前，美的集团从传统的家电企业转向全球性科技集团，不仅拥有数智驱动的全价值链以及柔性智能制造能力，还具备对外输出数字服务的能力，旗下美云智数已经助力超过 200 家企业数字化转型升级。传统制造业发展过程中，竞争与合作是两种重要力量。随着数据成为一种重要的生产要素，以往的竞争与合作关系也逐步向平台内"共生"与平台间"竞争"的关系转变。一方面，平台内部企业之间呈现出一种共生关系，虽然不同企业所处的位置有所不同，但却有一个相同的目标，即不断提高用户的体验。平台核心企业和上下游企业群落之间也具备稳定的共生关系，其共同目标就是在核心企业的引领下，提供高质量的产品与服务。另一方面，不同平台间则更多地呈现出一种竞争关系。这种竞争关系不仅体现在核心企业之间的竞争，更体现在标准、规范、系统上的全面竞争，而竞争落后不仅意味着平台核心企业的落后，更是代表着平台核心企业所提供的技术标准、框架结构、生态系统的整体落后。

四、经验启示

在时代变革的洪流中，美的集团坚守"用户第一"的初心、"创新向前"的精神、"颠覆变革"的勇气值得赞叹；更重要的是，从塑料瓶盖到电风扇，再到白电集团、科技集团的一次次恰逢其时的转型和路径探索，更值得家电产业乃至中国制造产业学习和深思。

（一）市场主导和政府引导有机统一是美的集团数字化成功转型的关键

企业数字化转型需要将企业发展需求和政府服务有机结合起来。习近平总书记指出："信息化为中华民族带来了千载难逢的机遇"，要"推动信息领域核心技术突破，发挥信息化对经济社会发展的引领作用"。① 推进数字化转型的最终目的在于提升区域产业的整体竞争力，推动我国实现高质量发展。美的集团的数字化转型源于企业发展需求，通过对"生产过程""管理模式"和"营销模式"等领域的创新，成功地实现了数字化转型。因此，首先要引导企业抓住转型机遇，通过完善企业组织内部架构、充分整合企业内外部资源加快数字化转型的技术攻关，并在关键领域占领技术制高点，实现核心技术自主可控。同时，企业的数字化转型也需要得到政府的有力支持，政府在营造良好转型环境过程中扮演了不可或缺的角色。地方干部需要开拓思路，关注企业在实施数字化转型过程中面临的难点堵点，适时出台政策助力企业转型，比如，通过培育和建立相关要素市场，以市场化机制保障地区产业在数字化转型过程中人才、资金、技术等要素供应充足，供应链稳定；通过加大投入建设数字化基础设施，搭建数字技术领域创新平台，及时把握和引导数字新业态发展方向；通过在数字化消费、数字化生产、服务业数字化等领域的加强规则制定和服务监管来培育数字化市场

_____

① 《习近平谈治国理政》第 3 卷，外文出版社 2020 年版，第 305 页。

环境。在该案例中，佛山市政府在推进地区产业的数字化转型过程中提前布局，全方位发力，以政策引导、财政投入等方式支持当地企业开展相关技术的平台建设、产业集群试点、建设数字化示范基地等，为企业实现数字化转型提供了良好的外部环境，其经验值得借鉴。

（二）良好的产业生态是企业数字化转型的基础

美的集团数字化成功转型的背后，离不开佛山这座城市为其提供的完整的产业链基础以及良好的数字化转型环境。习近平总书记指出："要推动数字经济和实体经济融合发展，把握数字化、网络化、智能化方向，推动制造业、服务业、农业等产业数字化，利用互联网新技术对传统产业进行全方位、全链条的改造，提高全要素生产率，发挥数字技术对经济发展的放大、叠加、倍增作用。"[①] 众所周知，佛山是一座典型的制造业城市，并以"有家的地方，就有佛山制造"而闻名。而美的集团总部所在地的顺德区是国际级家电生产基地，拥有完整的家电产业链条，形成了以美的、格兰仕、东菱凯琴、万和、万家乐等一批本土龙头企业为领航，80多家亿元级以上企业为支撑，3000多家中小型家电生产及配套企业集聚的产业格局。完整的家电产业链条，为美的集团数字化转型提供了坚实的基础与后盾。

此外，佛山也是国内最早一批推动企业开展数字化转型的城市之一，顺应新一代信息技术发展，当地政府积极作为营造良好的数字化产业生态。早在2015年，佛山就首次把"工业4.0"写入全会报告，大力推动企业开展"机器代人"的浪潮，为制造业

---

① 《把握数字经济发展趋势和规律　推动我国数字经济健康发展》，《人民日报》2021年10月20日。

数字化转型之路奠定了两大基础：一是推动了头部企业的数字化觉醒，美的、海天、格兰仕等一批佛山龙头企业陆续开始了大刀阔斧的数字化改造；二是为佛山数字化改造奠定了自动化的底盘，通过掀起"机器代人"的浪潮，推动大批佛山企业开展自动化改造。

（三）做好顶层设计是企业数字化转型的前提

从 2011 年起，美的集团核心发展思路从规模导向转变为追求增长质量。美的集团决策层从战略高度进行数字化转型的顶层设计，确立了数字化转型的"产品领先、效率驱动、全球经营"三大战略主轴。在这一转型战略引导下，美的集团确定了"聚焦产业、做好产品、确保规模、改善盈利"四大核心工作。在提升核心技术能力的基础上，着力提升产品开发及公司整体管控水平，推进"一个美的、一个体系、一个标准"的流程优化及制度建设，提高企业精细化管理水平与运营效率。[1] 在三大战略引领下，近 10 年来，美的集团发展突飞猛进，取得了明显成效。2020 年底，美的集团进一步将战略主轴升级为"科技领先、用户直达、数智驱动、全球突破"，重新打造新时代的美的集团。这一战略变化的核心就是"一个新增、三个升华"："一个新增"即用户直达，"三个升华"即科技领先取代产品领先，数智驱动取代效率驱动，全球突破取代全球运营。[2] 这一战略的转变表明美的集团在完成产品、效率和全球化经营等一系列基础能力和平台建设之

---

① 梁超、祝运海：《美的智造：传统制造业的数字化转型》，《清华管理评论》2019 年第 9 期。

② 贺扬：《五大业务板块四大战略主轴，这次美的重新出发有三大看点!》，"家电圈"百家号 2020 年 12 月 31 日。

后，开始追求更高的目标，塑造更强的数字化能力。

（四）人才升级是企业数字化转型的决定性因素

人才是产业升级和企业转型的第一资源，数字化转型的本质在于人才的升级。习近平总书记强调："要高度重视技能人才工作，大力弘扬劳模精神、劳动精神、工匠精神，激励更多劳动者特别是青年一代走技能成才、技能报国之路，培养更多高技能人才和大国工匠，为全面建设社会主义现代化国家提供有力人才保障。"[①] 美的集团在数字化转型过程中，始终紧抓核心人才，大力培养既懂业务、产品、技术，又懂数字化的桥梁性的科技型人才。一方面注重内部培养人才，靠在干中学，对现有员工不断进行数字化转型思维训练；另一方面大量聘请外部的专家，委托第三方机构，大量吸引企业需要的数字化技术人才。在外部人才招募方面，以往主要靠大学招募等方式，但数字化转型和产品的科技化，需要更多的科技人才和更懂客户运营的人才，因此美的集团采用了"人才在哪，我就在哪设立研发中心"的解决方案。此外，为了转变决策层的传统思维，美的集团基于"数据打通、业务打通"的逻辑，大力推动高管层年龄结构年轻化，知识结构现代化；同时，让所有人都能实时掌握自己团队负责的产品从生产到销售的集齐数据，通过数据进行决策和迭代，而非以往的经验判断，以此来培养数据驱动的决策思维。

（五）构建风险分担体系是推动企业数字化转型的保障

《中共中央关于全面深化改革若干重大问题的决定》指出，

---

① 《大力弘扬劳模精神劳动精神工匠精神 培养更多高技能人才和大国工匠》，《人民日报》2020 年 12 月 11 日。

要"使市场在资源配置中起决定性作用和更好发挥政府作用"①。数字化转型是一个投资不会很快见收益的战略。数字化转型一般由行业领军企业先行，因为他们有着充沛的资金。企业在数字化转型过程中，需要时时把控投资风险，关注投资回报率。美的集团的数字化转型成功之处在于找到了转型与财务控制的平衡点，实现了公司转型的收益。因此，各级政府如果能在企业推进数字化转型过程中，不断探索、构建完善的企业数字化转型的风险分担体系，则能极大促进相关企业的数字化投资。佛山在这方面就提供了较好的经验，以《佛山市人民政府关于印发佛山市推进制造业数字化智能化转型发展若干措施的通知》为例，其中提出为认定企业提供奖励、对工业互联网项目投入给予不高于投入总额50%的扶持资金支持、以财政奖励鼓励企业使用数字化应用解决方案、开展银行贷款贴息、通过市融资担保基金设立专项资金池开展融资风险补偿以及开展基金股权投资等方式为企业数字化转型分担投资风险。此外，对于数字化基础设施建设以及企业家培训、相关人才培养等企业难以独自实施并以市场化方式获取投资回报的领域由政府主导承担组织和投入的责任，也可以在很大程度上降低企业的投入风险，提高企业数字化转型的积极性。

---

① 《中共中央关于全面深化改革若干重大问题的决定》，《人民日报》2013年11月16日。

【思考题】

1. 美的集团数字化转型的四个转变是什么？

2. 在数字化转型中，如何实现政府引导和企业主导的有机统一？

3. 美的集团数字化转型的经验做法对你所在地区的数字化建设有哪些启示？

重大工业项目推动产业迈向中高端

——湛江东海岛临港重化产业基地
高质量发展的实践与启示

中共广东省委党校（广东行政学院），中共湛江市委党校（湛江行政学院、湛江社会主义学院）课题组①

【摘要】产业从中低端迈向中高端是建立现代化产业体系和新质生产力的重要一环。广东经济高质量发展过程中，区域协调发展是破题关键。湛江作为广东沿海经济带省域副中心城市，其资源区位优势突出，是国家战略联动与融合发展的重要连接点和支撑点。但是，湛江的经济发展水平相对落后，工业化水平较低，处于产业链低端。如何在新发展格局中推动产业迈向中高端，谱写出高质量发展的新篇章？这是摆在湛江人面前的大难题。

党的十八大以来，在以习近平同志为核心的党中央和广东省委、省政府的大力支持下，宝钢、中科炼化和巴斯夫等三大巨头先后落户湛江、齐聚东海岛，以超过2000亿元的庞大投资规模和

---

① 课题组成员：中共广东省委党校中国特色社会主义研究所邓利方研究员，中国特色社会主义研究所邱联鸿副教授，中共湛江市委党校副校长赵银月，湛江市委党校经济教研室主任、副教授陈红文，湛江市委党校经济教研室副教授汤晓龙撰写。

强大的产业链带动能力，为湛江经济社会发展和产业结构优化升级注入了强大动力，湛江经济与工业发展迎来新局面。

湛江市紧紧抓住重大工业项目在东海岛建设的有利时机，倾全市之力，带领经开区奋力拼搏，按照世界级超大规模现代化绿色临港重化产业的标准规划建设东海岛临港重化产业园，高起点高标准配置产业基础设施；按照世界级园区"六要素"标准打造世界级一流专业园区；根据产业链延伸拓展规律，引进大工业项目的配套产业和下游先进制造业；重点培育发展两大产业交会融合的产业，构建"铁三角"型产业链格局，增强产业链的整体竞争力。

实践表明，湛江市以重大工业项目为引擎，着力推动产业迈向中高端的发展思路和精准实施的各项战略举措，有效破解了临港重化产业基地建设过程中"小马拉大车"的困局，突破了发展的层层阻力。湛江东海岛临港重化产业高质量发展的生动实践为广东省欠发达地区谋划经济发展、推动产业转型升级、促进制造业高质量发展提供了鲜活范例和有益启示。

【关键词】临港重化产业；高质量发展；产业链升级

在这个全球产业链创新链价值链分工格局、运行逻辑、规则体系、竞争范式正在发生深刻变革的时代，推动产业迈向全球价值链中高端是必然选择。习近平总书记指出："现阶段，我国经济发展的基本特征就是由高速度增长转向高质量发展阶段。"[1] 要以智能制造为主攻方向推动产业技术变革和优化升级，推动制造业产业模式和企业形态根本性转变，以"鼎新"带动"革故"，

---

① 《中共中央召开党外人士座谈会》，《人民日报》2017 年 12 月 9 日。

以增量带动存量，促进我国产业迈向全球价值链中高端。

党的十八大以来，我国制造业增加值从 2012 年的 16.98 万亿元增加到 2021 年的 31.4 万亿元，占全球比重从 22.5% 提高到近 30%。持续保持世界第一制造大国地位的同时，我国制造业从中低端迈向价值链中高端，初步构建起现代产业体系。2024 年，现代化产业体系和新质生产力被写入政府工作报告，并位居 2024 年十大工作任务的首位，该任务包含三项子任务，第一项便是"推动产业链供应链优化升级"，充分体现了国家对产业链供应链发展的高度重视和更高期望。《中华人民共和国国民经济和社会发展第十四个五年规划和 2035 年远景目标纲要》也明确提出，要坚持把发展经济着力点放在实体经济上，加快推进制造强国、质量强国建设，促进先进制造业和现代服务业深度融合，强化基础设施支撑引领作用，构建实体经济、科技创新、现代金融、人力资源协同发展的现代产业体系。中国共产党广东省第十三届委员会第三次全体会议深刻强调，要围绕中国式现代化建设中心任务，围绕高质量发展首要任务和构建新发展格局战略任务，突出重点、久久为功，奋力实现"始终坚持实体经济为本、制造业当家，在建设更具国际竞争力的现代化产业体系上取得新突破"，谱写广东现代化建设新篇章。

党的十八大以来，广东省委、省政府深入学习贯彻习近平新时代中国特色社会主义思想和习近平总书记视察广东重要讲话、重要指示精神，围绕实现习近平总书记赋予的使命任务，进一步深化新时代新征程广东现代化建设的具体部署。为了在全面深化改革、扩大高水平对外开放、提升科技自立自强能力、建设现代化产业体系、促进城乡区域协调发展等方面继续走在全国前列，在推进中国式现代化建设中走在前列，省委、省政府深刻把握粤港澳大湾区建设重大战略机遇，坚持统筹协调和分类指导，实施以功能区为引领的区域协调发展战略，加快构建形成"一核一带一区"区域发展新格局，促进全省区域协调发展。不仅如此，在区域经济协调发展的战略推动下，省委、省政府在经济较落后的粤东西北加快布局重大产业项目，通过增量带动存量，为当地产业转型升级提供强力引擎。在此背景下，湛江经济社会发展和产业结构转型升级迎来了重要发展机遇。

一、背景情况

湛江是粤西重要的沿海城市，人口规模庞大，资源区位优势突出。2018 年 10 月，习近平总书记在视察广东时强调，广东要把汕头、湛江作为重要的发展极，打造现代化沿海经济带。近年来，湛江从"北部湾中心城市"到"省域副中心城市"，从"广东新的经济增长极"到"现代化沿海经济带重要发展极"，从"与海南相向而行"到"国家战略联动与融合发展的重要连接点和支撑点"，湛江发展地位得到全方位提升。然而，湛江经济发展水平依然相对落后，特别是工业化水平仍然相对较低，大多数是传统工业如制糖业、农海产品加工业、小家电制造业等，处于产业链低端，产品附加值低，效益差。

2012 年，湛江三次产业结构为 20.3：42.2：37.5（同期广东省三次产业结构为 5.0：48.8：46.2），第二产业增加值仅占全省的 2.9%；财政一般预算性收入为 92 亿元，仅占全省的 1.5%。①由于市财政拮据，地方经济建设低迷，产业基础设施建设严重滞后，导致湛江投资硬环境无法得到有效改善，进一步影响了湛江

---

① 数据来源：湛江市统计局。

招商引资效果，湛江经济发展因此陷入了"贫困循环陷阱"。如何跳出"贫困循环陷阱"，实现高质量发展，已经是摆在湛江市委、市政府面前必须思考和解决的根本问题。

产业是经济发展的根基与命脉。产业强，经济则强。湛江市委、市政府经过多番深入调研后，立足本土区位优势与资源禀赋，提出了"工业强市"的发展战略，通过发展"大工业"，培育壮大先进制造业，推动湛江工业结构由传统向现代化转变，产业链从低端向中高端迈进。然而，从当时的湛江工业构成来看，传统的制糖、小家电、海产品加工等产业都难以承担起"强产业"重任。先天不足，必须依靠后天补强。只有通过"嫁接"的方式，引进重大工业产业项目，通过增量来带动存量，才能加速湛江工业现代化进程，提高工业经济的整体效益。

党的十八大以来，在以习近平同志为核心的党中央和广东省委、省政府的大力支持下，湛江钢铁和中科炼化项目双双获得国家发展改革委正式核准，落户湛江东海岛，且作为钢铁石化循环发展的示范工程加以推进。2015年9月，湛江钢铁一号高炉点火成功，2016年6月二号高炉成功试产，2021年7月三号高炉成功建成，2022年三号高炉系统达产达效。三座高炉体系同时发力，标志着湛江钢铁全面建成千万吨级钢铁基地。2022年2月，湛江钢铁零碳示范工厂百万吨级氢基竖炉工程开工建设，迈出了湛江钢铁探索"氢基竖炉+高效电炉"零碳生产高等级钢板的冶金技术并通过利用绿色能源、碳捕集、森林碳汇等打造"零碳工厂"的关键一步，成为推动湛江打造现代化绿色临港工业重要引擎。截至2023年，湛江钢铁项目累计完成投资约640亿元，生产生铁1214.87万吨，粗钢1281.57万吨，钢材1200.4万吨，实现产值

643.21 亿元。① 此外，根据湛江市"十四五"规划，湛江钢铁项目还预留二期工程，预计未来可成为产量 2000 万吨级的超大规模现代化绿色钢铁巨头。中科炼化项目一期于 2020 年建成投产，年产能达到 1000 万吨级原油加工能力，以及 80 万吨级的乙烯加工能力。2022 年，中科炼化一期项目达产达效，二期项目有序推进，实现工业总产值 1004.41 亿元，成为湛江首个年产值超千亿元企业。② 与此同时，中石化还准备加大投资，扩大炼油能力，向 2000 万吨级产能进军。不仅如此，世界精细化工巨头巴斯夫也选址湛江，投资 100 亿美元建设其全球第三大一体化生产基地，打造巴斯夫全球生产网络核心枢纽。2020 年巴斯夫（广东）一体化基地项目首批装置正式开建，2022 年首套装置投产，一、二期项目全面动工。这标志着湛江工业与全球产业链接轨，并向世界产业链中高端迈进。宝钢、中科炼化和巴斯夫等三大巨头先后落户湛江、齐聚东海岛，以超过 2000 亿元的庞大投资规模和强大的产业链带动能力，为湛江经济社会发展和产业结构优化升级注入了强大动力。

　　制造业是立国之本、强国之基。湛江把制造业高质量发展作为主攻方向，围绕重大项目开展强链补链延链，不断壮大配套产业规模，全力打造绿色钢铁、绿色石化、绿色能源、现代农业与食品等四大千亿级优势产业集群，大力发展实体经济，制造业高质量发展的"骨骼"愈加强健，动能日益充沛。2022 年，湛江全市规上工业实现增加值 1006.74 亿元；其中，制造业增加值

---

① 数据来源：湛江市工业和信息化局。

② 数据来源：湛江市工业和信息化局。

702.95 亿元，占规上工业的 69.8%①，开启了制造强市建设、高质量发展的新征程。

二、主要做法

湛江市紧紧抓住重大工业项目在东海岛建设的有利时机，倾全市之力，带领经开区奋力拼搏，按照世界级超大规模现代化绿色临港重化产业的标准规划建设东海岛临港重化产业园，高起点高标准配置产业基础配套设施；按照世界级园区"六要素"标准打造世界级一流专业园区；根据产业链延伸拓展规律，引进大工业项目的配套产业和下游先进制造业；重点培育发展两大产业交会融合的产业，构建"铁三角"型产业链格局，增强产业链的整体竞争力。

（一）关键第一步："引凤"——依托港口优势，引进临港重大工业项目

对于湛江这样一个经济欠发达地区而言，要实现产业迈向中高端的跨越式发展，关键是"引凤"。2018 年 5 月，广东省委书记李希到湛江调研时，要求湛江深刻认识区域发展格局和发展条件发生的重大变化，抓住机遇、乘势而上，发挥比较优势，做好临港产业等文章。这为湛江"引凤"创新了思路、指明了方向。湛江有着非常显著的区位优势，其拥有华南地区最优良的深水港，已建成 40 万吨级的深水航道，30 万吨级的货轮可以直接靠岸停泊；且湛江港作为通向东南亚、非洲、中东、欧洲、大洋洲和南美洲等地航程最短的港口，是我国发展临港重化工业的天然首选地。随着世界重化工业发展日趋超大规模化（世界上许多钢铁石

---

① 数据来源：《湛江统计月报》（2022 年 12 月）。

化巨头兼并重组越演越烈，规模不断膨胀），世界船舶吨位越大型化，湛江这一区位优势还将进一步凸显。立足并依托湛江港口优势，在湛江建设的超大规模的宝钢、中科炼化等重大工业项目，可以有效采取"前港后厂"的生产模式，铁矿石可以通过传送带直接进入厂区，成品油可以通过码头原油管道直接进入厂区生产装置，大大节约了生产成本和运输成本。并且，湛江港口独特的地形和水深优势，使得宝钢、中科炼化、巴斯夫等能够自建货主专用码头，无论是原材料或产成品都可以便利进出。以中科炼化为例，中科炼化利用湛江天然良港的优势，自建港口码头与炼化装置的直线距离仅 1000 米，共有 30 万吨级原油码头、10 万吨级成品油码头等 8 个泊位，年吞吐能力达 3400 万吨，是目前国内一次建成规模最大、结构形式和使用功能最多的港口，并且通过自建港口码头，中科炼化的成品油及化工产品可直达华南市场，又可以辐射大西南，同时还可以直接出口面向国际市场。正是依托湛江港口的独到优势，湛江才成功吸引了宝钢、中科炼化、巴斯夫等"金凤凰"的青睐，最终在中央和省的支持下，实现了引"凤"来湛。

（二）做好第二步："筑巢"——聚焦重大工业项目生产运营需要，高起点高标准建设产业园区及产业基础配套设施

有"凤"来湛，第二步自然是要"筑巢"。产业现代化需要现代化的硬件设施为之配套支撑。钢铁石化产业都是大进大出的特殊产业，对投资硬件设施有非常高的要求。在实现发展之前的东海岛，现代化工业基础设施几乎是一片空白，且进出海岛的交通设施也极度落后。作为省域副中心城市，湛江的发展得到省委、省政府的高度重视。2022 年 3 月，省委书记李希、省长王伟中到湛江进行调研。李希强调，要"高标准推进项目建设，切实发挥好重大项目牵引带动作用，进一步增强发展后劲"。要"加强基础设施互联互通，切实做好广湛高铁建设和湛江机场迁建投运，深度参与西部陆海新通道建设，加快推进绿色钢铁、绿色石化、清洁能源等重大项目建设"①。在广东省委、省政府的大力支持下，湛江市委、市政府在"挑战"中寻觅"机遇"，把一切当作从零开始，在新的起点上，依据世界级超大规模现代化绿色临港重化产业的高标准要求对东海岛产业园区进行战略部署与规划设计，推进了一系列重大的交通、能源、供水等产业基础设施项目建设，为临港重化产业高质量发展提供硬支撑。一是东海岛输港铁路和多条高速公路建设，实现了与岛外的大交通动脉无缝连接，东海岛跨海大桥与玉湛高速连接，东雷高速跨海进入雷州市，接驳湛徐高速，与全国大交通动脉相通。二是兴建40万吨级航道和公共港口码头工程。三是建设南方电网东海岛500千伏输变电工程、东海岛15万立方米/日（首期）自来水厂，以及岛内支线铁路、公路网、公共管廊等公共配套工程。四是投资40多亿元建设鉴江供水枢纽工程，以解决东海岛工业新城生产生活用水及湛江东部160多万人用水问题。十余年来，湛江市累计投入超过500亿元的基础设施资金以开发和建设东海岛，成功地把一个工业"处女地"开发成为一个可以容纳几千亿产值的世界级工业"熟地"。日益完善的工业园区及其产业基础配套设施，不仅有效满足了临港重化产业生产运营的需要，更是赋予湛江东海岛临港重化产业基地超强的产业承载力。2019年1月10日，巴斯夫欧洲公司董事执行主席薄睦乐与广东省副省长林少春在路德维希港签

---

① 《努力在建设省域副中心城市打造现代化沿海经济带重要发展极上展现更大作为》，《南方日报》2022年3月24日。

署框架协议。2020 年 4 月项目首期实现破土动工，其中首期建设两套装置（工程塑料和热塑性聚氨酯），已于 2022 年 9 月投产，实现产值 4.17 亿元。① 这一速度和效率就是对园区强大承载力的有力证明。

（三）走好第三步："凤凰领航，集群发展"——以三大巨头为核心引擎，延伸拓展先进制造业链条，推动实现产业链迈向中高端

钢铁、石化产业，是国民经济的基础性材料工业，其产品广泛应用于社会生产和生活各个方面，产业链条长，具有超强的带动能力。宝钢、中科炼化、巴斯夫三大巨头作为其所在行业的标杆，产品技术含量高、性能好，与之形成上下游配套对接的产业也是高端制造业。以宝钢湛江钢铁厂生产产品为例，其主要产品为汽车板材、电工钢、硅钢以及厚板等，其中汽车板材占全国的 1/3 以上，电工钢和硅钢主要用于电机生产，而厚板主要用于船舶和风电制造。巴斯夫项目的一期工程主要生产改性工程塑料和热塑性聚氨酯（TPU），广泛应用于交通运输、消费品和电子产品等生产领域。因此，充分发挥三大巨头的核心引擎作用，延伸拓展先进制造业链条，是实现产业链迈向中高端的最好最快的路径。2020 年 6 月，广东省省长马兴瑞到湛江市，围绕推动湛江建设省域副中心城市、加快打造现代化沿海经济带重要发展极、促进区域协调发展深入开展调研。马兴瑞实地察看了宝钢湛江钢铁、中科炼化一体化项目、巴斯夫一体化项目等重大项目建设发展和东海岛产业岛规划情况，强调"要围绕做大做强海洋经济，扎实推进湛江钢铁、中科炼化、巴斯夫等重大项

---

① 数据来源：湛江市工业和信息化局。

目加快建设发展，强化对龙头项目的跟踪服务，加大招商引资力度，带动形成若干千亿级产业集群，加快打造世界级临港产业基地"①。同年 9 月，广东省委书记李希、省长马兴瑞到湛江开展调研。调研期间，李希强调，湛江"要牢牢把握高质量发展根本要求，结合在'一核一带一区'区域发展格局中的功能定位，谋划推动'十四五'时期重大平台、重大项目、重大工程，加强与茂名、阳江的协同发展，共同做强做优做大沿海经济带西翼临海产业集群，不断提升城市发展能级，把省域副中心城市做实"。马兴瑞强调，"要充分依托自然条件和地理位置优势，做大做强特色产业集群"。② 遵循省委、省政府为湛江发展谋划的重大发展机遇与创新思路，湛江市委、市政府与经开区以"扩园筑巢""产业延伸""融合发展"三大工作重点为战略抓手，有力推动湛江经济迈上新台阶。

1. "扩园筑巢"——建设一流专业园区，为钢铁石化配套产业及下游先进制造业发展提供载体

2012 年，湛江市委、市政府决定在东海岛开辟 30 平方公里的钢铁配套专业园区和 35 平方公里石化配套专业园区。随着下游产业的延伸拓展，为了更好地承载以及拓展园区产业发展空间，2021 年，经省委、省政府批准，钢铁石化专业园区在原有基础上扩大 70 平方公里。为了更好地服务钢铁石化产业高质量发展，推动产业迈向中高端，经开区政府根据园区实际情况和

---

① 《全力建设省域副中心城市打造现代化沿海经济带重要发展极》，《南方日报》2020 年 6 月 30 日。

② 《加快融入"双区"全面对接海南自贸港建设 全力打造省域副中心城市》，《南方日报》2020 年 9 月 13 日。

钢铁石化产业链发展规律，按照世界级园区"六要素"①的标准加以规划建设，并按照近、中、远期分步推进，全力打造效益显著、高端特色、开放先进的世界领先创新型智慧钢铁石化园区。一是推进规划科学化。严格落实湛江市政府已批准实施的石化园区规划和控制性详细规划，科学统筹配置土地、岸线等资源要素，有序推进园区规范化建设。二是推进配套一体化。动工建设公共管廊、港南大道、通港大道，实现应急救援中心达到国家一级标准，启动污水处理厂及厂外尾水管工程、经一路、纬一路、港前路和东建路等项目前期工作。三是推进项目优质化。按照强链、补链、产业集聚要求，大力引进和重点发展高新技术产业、高附加值产品；实行入园项目评估评价制度，确保新上化工项目符合高端终端、高质高效方向。四是推进安全规范化。按照一体化管理和应急救援思路，构建封闭管理、功能聚合、全面监测、自动预警、联动响应的智慧安全管理平台；积极推进应急救援体系建设，依托中石化、巴斯夫和专业科研机构搭建安全管理专家支撑平台，聘请一批高水平专业人才组建园区专家库，提升园区安全保障能力。五是推进环境生态化。推动园区产业、生态环境、基础设施、能源利用和资源利用绿色化；实行循环化改造，强化"三废"防治，建设集中式污水处理厂及配套管网，并安装自动在线监控设施。鼓励建立第三方运营管理机制，对园区"三废"实现无害化处理。六是推进服务专业化。借鉴学习经验，设置园区管理机构，为投资项目提供更优质审批和公共服务。对标新加坡裕廊等国内外一流智慧化工园区，构建经开区、园区及企业三

---

① "六要素"指的是规划科学化、配套一体化、项目优质化、安全规范化、环境生态化、服务专业化。

级联动的统一监控管理平台，加强园区精细化智慧化管理，全面提升园区智能化管理水平。

2. "产业延伸"——以钢铁石化项目为核心引擎，沿着产业链延伸拓展的方向，引进一大批先进制造业企业

钢铁专业园区依托宝钢湛江钢铁基地项目，加强与宝钢的合作，实施"钢铁带动工程"，瞄准钢铁配套产业，实施"以商引商、精准选商"，壮大钢铁上下游产业链，打造绿色碳钢生产基地。同时完善原材料供应、中间产品、物流配送等配套产业供应链。截至 2023 年底，钢铁专业园区已成功引进钢铁产业类项目 50 多个。其中，申翰科技、盛宝科技、红鹰铭德、自立高温等配套生产炼钢辅料；宝钢化工、宝武环境科技、中冶环保运营、宝钢新型建材、宝发赛迪转底炉等配套企业以固废处置业务为主，通过处理并利用宝钢炼钢过程产生的副产品及"三废"，发展沥青、炭黑油、水泥建材、金属材料、化工等相关产业，实现钢铁基地零排放、零污染，联合打造形成多产业循环化发展的产业生态。2023 年，钢铁产业链完成工业总产值 672.52 亿元，占湛江经济技术开发区规模以上工业总产值的 36%。① 在石化专业园区，依托中科炼化、巴斯夫、中海沥青等龙头企业及相关重点项目带动，也初步形成了以东海岛为核心的大型石化产业聚集区，绿色石化产业链不断拓展。目前，全区（湛江经济技术开发区）已投产的绿色石化企业 13 家。其中，中科炼化项目设计炼油能力 1000 万吨/年、乙烯 80 万吨/年。巴斯夫项目以进口石脑油为主要原料，建设百万亿吨乙烯联合装置，重点延伸下游的精细化工产业链。宝粤气体主要围绕宝钢和中科炼化生产布局制氢和 LNG

---

① 数据来源：湛江市工业和信息化局。

（液化天然气）等项目；宝钢化工主要利用炼钢过程产生的煤焦油生产粗苯、炭黑等化学原料。钢铁、石化两大产业链"交织"发展，形成日趋完善的循环产业链条。2023 年，石化产业链完成工业产值 967.12 亿元，占湛江经济技术开发区规上工业总产值的 51.8%。① 以宝钢、中科炼化为核心引擎，在坚持做大主导产业的同时，依托宝钢和中科炼化带动和聚集了一大批钢铁石化上下游企业落户东海岛，有效发挥了其"榕树效应"，形成了聚群发展。

3. "融合发展"——重点谋划发展钢铁石化两大产业链"交汇共生"产业，促进两大产业深度融合，构建"铁三角"型产业链格局

湛江市委、市政府聚焦钢铁、石化两大产业的交汇融合点，谋划发展新能源汽车工业、海洋装备制造业以及危化处理及综合利用环保型产业等"交汇共生"产业。在全市范围内建设 620 平方公里的全省超大规模的产业聚集区，其中东海岛 170 平方公里，奋勇高新区和雷州片区 450 平方公里，将在奋勇高新区布局重点新能源汽车项目。重点培育两大产业链"交汇共生"产业，既促进两大产业的融合，又推动重化产业绿色化发展，还加强固化下游产业与母链之间的链接联系，推动打造更加稳固、更有竞争力的"铁三角"型产业链构造。

（四）用好第四步："破除障碍，助力腾飞"——创新工作思路和举措，推动临港重化产业基地高质量发展

2021 年 3 月，省长马兴瑞赴湛江调研时强调，"湛江市要深刻领会习近平总书记对广东重要讲话、重要指示批示精神，牢牢把握一系列国家重大战略带来的历史机遇，按照'1+1+9'工作

---

① 数据来源：湛江市工业和信息化局。

部署，坚定不移贯彻新发展理念，推动高质量发展，为全省打造新发展格局的战略支点作出更大贡献"①。在推动东海岛临港重化产业发展过程中，湛江市委、市政府遇到了资金缺口大、用地用海以及环保指标少、征地难等多重困难和挑战。面对"小马拉大车"的困局，湛江市委、市政府坚定不移贯彻新发展理念，创新工作思路和举措，倾全市之力，带领经开区奋力拼搏，创新工作思路和举措，攻下一个又一个难题，一步一个脚印地推动东海岛临港重化产业基地向高质量发展迈进。

1. 创新思路，弥补资金缺口问题，纾解财政压力

承接三大产业项目，并培育发展下游先进制造业，这对于经济落后、财力有限的湛江市政府和经开区来说，都是巨大的困难与挑战。2022 年湛江 GDP 为 371256 亿元，而一般公共预算收入仅 146 亿元；同期湛江经济技术开发区 GDP 仅有 79198 亿元，一般公共预算收入也只有 1555 亿元。② 面对东海岛临港重化产业基地建设需要配套资金的庞大缺口，市委、市政府一是积极争取中央及省的大力支持，在重点产业基础配套工程建设资本金投入上，省里出大头，湛江市和经开区协助推进项目建设。二是充分依靠省政府专项债平台，通过发债形式筹措建设资金。三是通过创新投融资模式，引进社会资本参与项目建设。此外，在临港重化产业基地建设前期，由于大工业项目投资规模庞大，回收期相对较长，大多项目对当地财政贡献还没显现，经开区面临财政收入与支出不能同步增长以及财政还债压力巨大的问题。对此，湛江市政府和经开区创新园区开发新模式，通过更多地借助市场力量，

---

① 《贯彻新发展理念　推动高质量发展》，《南方日报》2021 年 4 月 1 日。

② 数据来源：湛江市统计局《2023 年 7 月综合月报》。

引入大型投资主体，与政府或合股或合作，共同开发园区，共享园区发展的成果，从而缓解财政压力。2023年，园区通过"管委会+公司"运营模式不断创新投融资方，与光大银行以"现金+实物"注资区城发公司以达到市场化方式并购控股目的；联合各子公司作为承租主体，创造性地采用以"开具国内信用证支付租金的"方式，将严格限制资金用途的流动贷款转换为资金用途更为灵活的融资租赁，充分调动集团各子公司的资产利用率，有效撬动银行资金参与经开区建设。

2. 多措并举，破解用地用海以及环保指标少的约束难题

临港重化产业本身就规模庞大，需要用地用海多，且大消耗、大排放是其典型特征。当前受碳达峰碳中和"30/60"环保政策的限制，资源与生态约束成为重化产业的"紧箍咒"。为了破解资源和生态约束难题，经开区一是努力争取省政府支持，把重大项目单列，不占用全市用地及环保排放指标。二是在招商引资上严把环保关，技术含量低、资源消耗大的产业严禁入园。三是鼓励现有企业积极采用新技术、新工艺，提高资源利用效率，节约排放指标。如宝钢、中科炼化、巴斯夫等龙头企业通过技术创新率先减排，并使用绿电，节约碳排放指标。四是通过环境修复，种植红树林，换取用地指标和冲减碳排放量。五是通过盘活闲置土地或推动低效能企业退出，增加工业用地指标。

3. 多层面形成合力，共同攻克征地拆迁难题

为了保证每个项目如期开工建设，湛江市和经开区两级政府凝聚共识、形成合力，共同推进征地拆迁工作。一是在全市抽调优秀干部，组建工作组，下沉基层；二是通过弘扬"开荒牛"精神，鼓舞干部士气；三是积极推行经开区十多年征地拆迁工作总结出来的行之有效的征地工作方法——"系统协同"和"一线工

作法"。^① 通过多层面凝聚共识，全体干部想在一起、干在一起，把力量集中在一线，形成的强大合力，为项目建设排除了一个又一个的征地拆迁障碍。

三、经验启示

实践表明，湛江市以重大工业项目为引擎，着力推动产业迈向中高端的发展思路和精准实施的各项战略举措，有效破解了临港重化产业基地建设过程中"小马拉大车"的困局，突破了发展的层层阻力。湛江东海岛临港重化产业高质量发展，是深入学习贯彻习近平总书记视察广东重要讲话、重要指示精神，认真落实省委"1310"具体部署，扎实推进中国式现代化的广东实践；是习近平经济思想在南粤大地落地生根、开花结果的生动实践；是领导干部围绕中国式现代化建设中心任务，围绕高质量发展首要任务和构建新发展格局战略任务，突出重点、久久为功，奋力实现"十大新突破"，谱写广东现代化建设新篇章的行动表达；为欠发达地区谋划经济发展、推动产业转型升级提供了鲜活范例和有益借鉴。

（一）瞄准发力关——"先有大企业、后有园区"的"引凤筑巢"模式是欠发达地区实现跨越式发展的有效途径

对于一个经济基础相对落后、财政压力较大的地区而言，推进产业升级，实现经济社会的跨越式发展，本身是一个极其缓慢

_____

① "系统协同"是指以"系统论"为指导，在征地工作推进中做到全局一盘棋，全面统筹、协同推进，实现资源最佳组合、效率最大提升。"一线工作法"是指领导在一线指导、情况在一线掌握、问题在一线解决、干部在一线锤炼、成效在一线检验。

的进程。在这种情况下，如果选择了错误的发展路径，将进一步放缓发展进程。同以往资本引进"筑巢引凤"模式不同，湛江"先有大企业、后有园区"的"引凤筑巢"模式为欠发达地区实现产业跨越式发展提供了一个很好的借鉴和参照，带来的一个核心启示就是必须瞄准发力关。具体而言，就是在明确自身发展的优势与短板的基础上，明确从何处着手、从何处发力。湛江先后通过引进宝钢、中科炼化、巴斯夫三个重大化工项目，实现"引凤筑巢"，并将"有凤来栖"转化为后天发展优势，充分利用宝钢、中科炼化带来的优质资本、先进技术和优秀人才，改变了产业演进的轨迹，加速了工业现代化进程。

（二）把准规划关——做好顶层设计、统一部署、抓好龙头、做好规划是关键前提

规划是龙头，只有在做好产业发展科学规划的基础上，才能进一步明确发展定位、优化生产力总体布局和产业具体布局，形成科学的规划体系，进而不断提升发展水平，加快打造经济发展高地。湛江取得的发展成就，从根本上来说就是在以习近平同志为核心的党中央和广东省委、省政府做好顶层设计、坚持统一部署、抓好龙头、做好规划下取得的。首先，党的十八大以来，中央和省把钢铁石化重大产业项目布局湛江东海岛，是在充分考虑湛江港口的区位优势和海洋资源禀赋基础上作出的科学决策，为湛江产业高质量发展指明了方向和重点。其次，省委、省政府超前谋划、精心布局，在东海岛临港重化产业建设之初，就高瞻远瞩，按照世界一流的钢铁石化产业基地的标准规划建设，并斥巨资配置重大产业基础设施工程，高起点推进湛江临港重化产业发展，使湛江临港重化产业能够在高起点实现跨越式发展，迈向产业链中高端、占据全球产业链的制高点。再者，省委、省政府依据产业链发展规律，立足湛江经济社会发展实际，指导、支持湛江重点发展新能源汽车产业，通过钢铁石化两大产业链交汇融合，更好地整合两大产业链的优势，形成"铁三角"型的产业构造，更具竞争力。由此可见，要实现经济高质量发展，必须进行科学合理的产业布局。而要实现这一点，关键前提则在于政府要做好顶层设计、统一部署、抓好龙头、做好规划。

（三）突破技术关——以工业化、智能化、数字化实现技术创新，推动绿色制造，实现"微笑曲线"中部抬起

习近平总书记强调，要以智能制造为主攻方向推动产业技术变革和优化升级，推动制造业产业模式和企业形态根本性转变。突破技术关，实现"微笑曲线"向价值高点攀升是产业转型的必答题。从落户东海岛的三大巨头来看，它们不仅有着业内最先进的生产技术、优良产品，而且皆占据产业链的高端位置，主导产业发展的方向，是科技创新的领军企业。湛江钢铁 5G 智慧工厂荣获 2021 年"绽放杯"金奖，实现钢铁"制造"向"智造"飞跃；中科炼化生产装置 95% 实现国产化，多项技术打破国际垄断，生产全程使用数字技术，优化提升生产效能；巴斯夫更是全球化工企业标杆，强大的研发实力令其长期保持领先地位，其在湛江的一体化项目将使用最前沿的数字化技术，建立智慧一体化基地。湛江发展模式表明，对于经济欠发达地区而言，向"微笑曲线"两端迈进，不是意味着舍弃制造业，而是要摆脱路径依赖，推动传统产业高端化、智能化、绿色化、服务化改造，实现"微笑曲线"中部抬起、两端延伸，真正在优质存量上做大增量。

（四）畅通资金关——以财政撬动社会资本，创新财政投融资模式，让市场力量参与，实现共建共享

资金约束是经济社会发展面临的共性问题，对于经济欠发达且要发展重化工业项目的地区而言，挑战更为突出。面对发展临港重化产业项目庞大的资金缺口，湛江市委、市政府创新工作思路、多措并举，通过与政府或合股或合作，用财政撬动社会资本，引入大型投资主体，更多地借助市场力量和社会资本参与项目建设，实现了财政投融资模式和园区开发新模式的创新，从而在很大程度上缓解了地方财政压力。其中形成的有益启示在于：拓宽融资渠道，引入社会资本，创新投融资模式，是有效缓解重大工业项目建设资金压力的重要手段。通过"政府引导+市场参与"，以财政资金撬动社会资本，更多地借助市场力量，引入大型投资主体和社会资本、民营资本，通过与政府或合股或合作创新融资方式，鼓励社会资本积极进入建设领域，使政府有限的财政资金发挥出更高的使用效率。

（五）做好人才关——以"工匠精神"培育高端技术技能人才

习近平总书记强调："要高度重视技能人才工作，大力弘扬劳模精神、劳动精神、工匠精神，激励更多劳动者特别是青年一代走技能成才、技能报国之路，培养更多高技能人才和大国工匠，为全面建设社会主义现代化国家提供有力人才保障。"[1] 不论是传统制造业还是新兴制造业，不论是工业经济还是数字经济，高技能人才始终是中国制造业的重要力量。课题组在案例调研中发现，随着湛江工业规模急剧扩大和产业结构优化升级，高精尖人才和新型技能型人才缺口不断增大，已经成为制约湛江重化产业进一步优化提升的"瓶颈"。要打破这一"瓶颈"，重点在于以"工匠

---

① 《大力弘扬劳模精神劳动精神工匠精神 培养更多高技能人才和大国工匠》，《人民日报》2020 年 12 月 11 日。

精神"培育高端技术技能人才。

（六）守好生态关——坚持技术向善、强化科技治理，实现经济发展与生态优化协同推进

习近平总书记指出："保护生态环境就是保护生产力、改善生态环境就是发展生产力。"① 在发展重大工业项目的过程中，面对建设世界一流化工园区，将石化产业打造为支柱产业之一，但同时带来的防范化解安全生产、环境保护等方面的巨大风险压力，湛江牢牢守住了生态底线。湛江引进的钢铁石化等重化工业项目巨头在环保方面投入巨资；建成钢铁行业首套外排水综合利用项目，实现了"全流程钢铁废水零排放"；建立起"资源—产品—废物—再生资源—再生产品"循环生产新模式，实现经济与环境"双赢"。因此，对经济欠发达地区而言，不仅要牢固树立"绿水青山就是金山银山"的理念，立足当前、着眼未来，坚定不移走生态优先、绿色发展之路；同时也要坚持技术向善、强化科技治理，鼓励有条件的龙头企业攻克环保难点问题和关键共性技术，提升科学治理、技术治理、精准治理水平。

【思考题】

1. 欠发达地区要实现跨越式发展必须具备的要素有哪些？

2. 根据产业链延伸拓展规律，如何通过引进大工业项目实现"微笑曲线"中部抬起？

3. 湛江市缓解资金缺口、财政压力的做法，为我们当前防范化解金融风险、地方债务问题提供了哪些借鉴？

---

① 《习近平著作选读》第 2 卷，人民出版社 2023 年版，第 171 页。

佛山数字化赋能制造业当家的实践

中共广东省委党校（广东行政学院）课题组①

【摘要】佛山制造业当前面临要素约束显著、制造业大而不强、向产业链中高端跃升难度大等挑战。数字经济发展为佛山制造业转型升级带来了重大机遇。但当前企业数字化转型又面临企业转型能力不足，数字化支撑体系不完善，行业数据开放共享不够充分等困难，导致大量企业"不想转""不能转"和"不会转"。

近两年，为破解数字化转型难题，佛山强化顶层设计，突出政策引导，加强资金、人才等要素供给，树立转型标杆，示范引领产业转型，以强化基础设施建设、搭建产业服务平台、集聚产业服务商、联动社会组织、保障互联网和数据安全等为突破口构建完善的数字经济生态，制造业数字化转型取得了明显成效。截至 2023 年 10 月底，全市 54% 的规模以上工业企业实施了数字化转型，成为全国 8 个、全省 2 个获批国家新型工业化产业示范基地（工业互联网）城市之一。

---

① 课题组成员：中共广东省委党校管理学教研部副主任、副教授郭惠武；中共广东省委党校管理学教研部副教授张艺琼、潘艳。

佛山制造业数字化转型实践的启示是政府在促进产业转型升级过程中需要前瞻布局、整体推进，要依托本地产业基础同步推进产业数字化和数字产业化，各类市场主体协同发力是数字化转型的关键，数字化转型的同时要强化数字经济治理。

【关键词】佛山；制造业当家；数字化转型

2023年4月，习近平总书记视察广东时强调，广东要始终坚持以制造业立省，更加重视发展实体经济，加快产业转型升级，推进产业基础高级化、产业链现代化，发展战略性新兴产业，建设更具国际竞争力的现代化产业体系。① 省委十三届三次全会明确指出，广东要始终坚持实体经济为本、制造业当家，在建设更具国际竞争力的现代化产业体系上取得新突破。作为全国唯一的制造业转型升级综合改革试点城市，佛山抓住新一轮产业革命和数字技术变革机遇，坚定不移地以数字技术深度赋能制造业当家，加快推进制造业数字化转型，为新时代推动制造业高质量发展树立了典范。

一、背景情况

（一）数字经济为佛山制造业转型升级带来重要机遇

作为全国重要的制造业基地，佛山2023年地区生产总值达到13276亿元，规模以上工业总产值突破3万亿元，规模以上工业增加值达6301亿元，居全国地级市第二，仅次于苏州。目前，佛山全市有近10万家工业企业，规模以上工业企业超过9400家，

---

① 《坚定不移全面深化改革扩大高水平对外开放　在推进中国式现代化建设中走在前列》，《人民日报》2023年4月14日。

工业增加值占地区生产总值的比例达到53%左右，其中优势传统产业占工业比重保持在46%左右。传统产业占比高、体量大，这是佛山制造业的最大特点。

在取得突出成绩的同时，佛山的制造业发展也面临诸多挑战：第一，要素约束显著。佛山的土地资源非常紧张，已经接近开发极限。此外，佛山企业用工缺口常年在6万人左右，且随着人口老龄化程度加深，招工稳岗难题越发突出，潜在劳动力供给明显不足。近年来能源价格的不断攀升也成为制造业发展的一个障碍。第二，制造业大而不强。佛山制造业企业数量多，但规模以上工业企业数量占比偏低，呈现出"数量多但规模不大"的局面，特别是很多企业利润偏低，企业亟须降本增收以提升竞争力。第三，向产业链中高端跃升难度增大。佛山的传统产业以及中低端产业环节占比较大，未来必须要向产业链价值链中高端攀升。但在制造业技术与发达国家差距不断缩小的情况下，技术模仿的效益逐步下降，原有的"引进—吸收—再创新"的升级模式已经难以为继，产业升级更多需要依靠原发性创新，佛山的原发性创新能力又相对不足。

在面临多重困境之际，数字经济为佛山制造业转型升级带来了重要机遇。数字技术发展引起的全方位技术范式、组织模式和商业模式变革对制造业的高质量发展意义重大。首先，数字技术为制造业转型提供新的创新路径。数字化转型能够有力激发制造业企业创新活力，加速技术突破与迭代，深化产业链与创新链、人才链、资金链深度融合。应用人工智能、区块链、大数据、物联网等数字技术有利于提升制造业产品和工艺设计的创新能力，促进产品生产的智能化和绿色化以及产品的个性化定制。其次，数字经济为增强产业链供应链韧性提供了有力支撑。制造业数字化转型能够提高产业链供应链运转效率，促进产业链供应链组织体系的柔性化运行，从而提高其适应外部环境冲击的能力。再次，数字技术有利于全面提高制造业竞争力。制造业借力数字技术，可以促进自身研发、生产、销售和组织全业务流程的自动化，有效降低产品不良率、降低运营成本、提高资源利用率，促进产品创新和服务升级，从而提升整体的产业竞争力。

佛山在推进制造业数字化转型上也具有一定的优势。佛山工业体系门类齐全，几乎涵盖了所有制造行业，产业链较为完整，装备制造、家电、家具、陶瓷、金属加工等产业优势突出，拥有大量的场景和数据，一旦通过数字化将这些元素连接起来，有望让整体产业迸发出巨大的能量。

（二）制造业数字化转型面临诸多困难

数字技术无疑是加快传统制造业转型升级，实现高质量发展的助推器。但目前制造业数字化转型的基础还不扎实，条件仍然不够充分，面临多方面的困难。

一是企业数字化转型能力不足。首先，企业数字化转型的领军人才缺乏，目前大量企业的管理者难以从工业时代的硬件思维转变成数字时代的新思维，将数字化转型等同于业务信息化，对业务转型、数据赋能以及流程再造的本质缺乏系统性思考，对数字化转型缺乏整体战略布局及长期规划。其次，数字化转型需要的专业化和复合型数字人才缺乏。目前制造业企业中人才储备普遍不足，尤其是缺乏具有业务背景的数字化人才或具有数字化技术背景的业务技术人员，导致数字化与业务之间割裂。再次，数字化转型的资金投入不足。数字化转型需要投入较大规模资金，但大多数企业面对数字化转型风险，不敢进行大量投入。

二是数字化支撑体系不完善。当前数字化转型的基础设施供给不足，以数据中心、工业互联网、智能制造云为代表的新型信息基础设施缺失或建设不充分，这种情况下，企业只能依靠自身力量建立公共信息服务平台，这间接提高了企业信息化的门槛，阻碍了产业重组与企业跨界融合。同时，制造业的数字化转型需要项目孵化、数字化设计、质量监管、数据安全放开等外部服务机构的支撑，但包括佛山在内的许多制造业城市，此类专业服务机构都比较缺乏，一定程度上也限制了中小企业的数字化转型。

三是数据开放共享不够充分。当前制造业企业的信息孤岛问题比较突出，也限制了制造业整体的数字化转型步伐。信息孤岛存在于设备之间，也存在于系统之间和产业链内企业之间。在客观上，一方面是由于新老设备之间的数据难以互通，另一方面数据种类繁杂，标准不统一，协议相对封闭，也导致数据难以共享。在主观上，企业担心数据共享之后，存在数据泄漏的风险，从而被竞争对手所利用，也缺乏共享数据的动力。

由于以上数字化转型中出现的困难，企业普遍出现了基于路径依赖或风险规避的"不想转"，由于自身资源或能力不足而出现的"不能转"，以及转型内容、转型方式以及转型方向不明确导致的"不会转"。因此，如何着眼未来，突破这些障碍，使得数字化转型顺利推进是佛山相关部门面临的重要问题。

二、主要做法

面对制造业企业数字化转型过程中遇到的各种困难，佛山市政府积极应对，以数字化赋能制造业存量升级和增量智变，推动全链条转型发展，率先探索出一条具有佛山特色的数字化智能化转型道路，为佛山制造注入了新的动力，为广东高质量推进制造业当家提供了宝贵经验和样本。截至 2023 年 10 月底，佛山全市

54%的规模以上工业企业实施了数字化转型，成功创建 1 家国家"数字领航"企业、2 家世界"灯塔工厂"，打造出 48 家数字化智能化示范工厂、146 个示范车间、超百个标杆示范项目，成为全国 8 个、全省 2 个获批国家新型工业化产业示范基地（工业互联网）城市之一，已转型的企业生产效率平均提升 16.5%，成本降低 17.3%，产品交付周期缩短 20.2%，产品不良率降低 8.4%。佛山的具体做法主要有以下几个方面：

（一）强化顶层设计，突出政策引导

近两年来，佛山高度重视以数字化赋能制造强市，将制造业数字化转型作为"一把手"工程，由市委主要领导亲自挂帅推动，并强调在 3 年投入 100 亿元支持企业数字化转型升级。目前，佛山全市财政累计投入数字化转型超 36.09 亿元。由于数字化转型投入资金量大、涉及企业群体众多，必须具有可以统筹全局、集中发力的顶层设计，以强力的政策引导推动制造业数字化智能化。为了满足佛山数量庞大的制造业企业对数字化转型升级的需求，近年来佛山市政府先后制定出台了若干强有力的政策指引，积极引导制造业企业开展数字化智能化转型，各区均相应制定扶持政策措施，同向发力促进转型发展提速增效。

工业互联网是数字化转型的底座，其通过连接和集成各种要素，在制造过程中实现数据共享、智能决策和优化管理，提升企业的竞争力和创新能力。2020 年，以加快发展工业互联网、促进制造业进一步降本提质增效为主要着力点，佛山市政府出台了《佛山市深化"互联网+先进制造"发展工业互联网的若干政策措施》，从工业企业、工业互联网服务商、平台商、公共服务机构、创新载体等多方位进行奖补支持，鼓励工业企业基础设施上云、企业平台系统上云、企业设备上云、企业业务应用上云，鼓励中

小企业部署应用低成本、模块化工业互联网设备和系统，快速提升企业数字化水平。

随着数字化的发展，佛山多次召开全市制造业数字化智能化转型发展大会，在市委主要领导的带领下，佛山市政府对本地企业数字化智能化转型的实际进行系统性梳理，于2021年探索出台了《佛山市推进制造业数字化智能化转型发展若干措施》（简称"25条"）。数字化智能化转型"25条"政策措施的出台，标志着佛山比较清晰地找到了一条数字化转型推广和应用的路径，也建立起一套企业数字化转型的标准和评价体系，佛山制造业数字化转型由此真正进入快车道。数字化智能化转型"25条"，从需求侧、供给侧和转型生态3个维度，针对企业数字化转型发展阶段特征，推出全周期奖补措施，并从金融服务、公共服务、基础设施、信息安全和人才方面最大程度保障推动企业转型升级。

2022年，佛山进一步出台《佛山市加快制造业产业集群数字化智能化转型工作方案（2022—2025年）》配套政策，以产业集群数字化智能化转型为重点方向，通过龙头企业引领带动、中小企业抱团、工业互联网赋能产业园区等路径开展探索，打造"点"上强龙头、"线"上延链条、"面"上聚生态的转型格局，最终牵引推动产业集群连片成带集聚发展。可以说，佛山这一系列政策覆盖全产业领域、企业经营生产全周期，在全国走在最前列，并从目前来说力度也是最大的，而且补贴是"当年兑现、快速到位"，在当前经济环境下，极大地增强了企业家信心，成为指引企业数字化升级的强有力支撑。

（二）坚持问题导向，加强要素供给

数字化转型不是一蹴而就，而是一项系统性长期工程，推动制造企业数字化转型不亚于一场革命。对于传统中小企业众多的佛山来说，数字化转型所面临的最直接问题就是企业"没钱、没人、没技术"导致的"不敢转""不会转"。佛山市政府直面转型难题，坚持以问题为导向，以企业需求为中心，引导各类要素向转型企业倾斜，最大程度帮助企业迈过"资金坎""技术坎""人才坎"等各项困难。

一是联合金融机构创新出台"数字贷"。为切实解决大多数中小企业数字化投入的融资困境，佛山在全国首创打造"数字贷"工程，推出风险补偿、全额贴息两大政策，一方面为企业提供 3 年数字化智能化转型金融贷款的全额贴息，另一方面设立 10 亿元专项资金用于融资风险补偿。依托"佛山扶持通"平台，打造线上"金融超市"，创新"秒担保、秒贴息"两大服务，实现"企业申请、部门审批、融资担保、财政贴息"一网通办，帮助企业快速解决资金问题。此外，成立总规模 300 亿元、首期 100 亿元的广东（佛山）制造业转型发展基金，均投向转型发展企业，有力支持企业数改智转。截至 2023 年一季度，全市已有 30 家银行推 91 个"数字贷"金融产品，共计 841 个项目，已累计向企业授信金额约 60 亿元，放款金额超 30 亿元，受惠企业多达 600 家。

二是搭建专业数字化人才队伍。目前，数字化转型的人才非常缺乏，特别是既懂企业制造工艺又懂 IT 技术的复合型人才供给十分不足。佛山市政府通过内培外引组建专家库，并集聚了 300 多家数字化服务商，在全国率先打造中小企业数字化转型服务集聚区，形成一支能够扎根企业的数字化服务人才"先锋队"。这些专家团队和服务商涵盖各类智能改造服务业态，服务领域覆盖产业链各个环节，向企业提供个性化转型知识、专业服务等，充分赋能企业数字化转型，有效弥补企业数字化转型人才缺口。

三是帮助企业对接技术市场。中小企业普遍数字化基础薄弱，缺少数字化转型技术支撑，同时又难以独自寻找到合适可靠的数字化应用产品。为了使企业少走弯路，佛山市政府依靠政策背书的方式，主动帮助企业遴选可靠的数字化产品和服务，建立数字化服务供给资源池，鼓励企业从资源池中选择数字化技术服务，最高给予50%的补贴，降低企业数字化转型的技术难题。同时，发布涵盖制造全流程的132个中小企业"上云用云"产品目录清单，为中小企业提供转型服务。

（三）先锋示范引领，激发转型动力

解决企业"不愿转""往哪转"问题，政府的引导和支持不可或缺。佛山市政府通过总结推出符合地方实际的经验模式和典型做法，大力培育数字化转型示范标杆企业，给广大中小企业找到身边熟悉的数字化转型模范，因为"看得见""摸得着"就更容易让企业有信心去复制，由此拉动一大批企业"有样学样"开展数字化转型。

一是打造转型标杆项目。围绕制造业数字化转型全周期各阶段，遴选打造一批标杆项目和企业，为不同行业、不同规模、不同转型阶段的企业提供对标样本。目前，佛山全市共打造出48家数字化智能化示范工厂、146个示范车间以及维尚家具、威特真空、伊之密、新宝电器等111个工业互联网标杆示范项目。其中，一级示范工厂11家，最高一次性奖励2000万元；二级示范工厂17家，最高一次性奖励1500万元；三级示范工厂20家，最高一次性奖励1000万元。政府通过真金白银的奖励和行行出标杆的评选，让企业打消"不愿转"的意识阻力，为企业数字化智能化转型提供参考范式，进一步加深企业家"数字化势在必行"的迫切感，激发企业数字化转型动力。

二是发挥"头雁"引领效应。政府鼓励"龙头"和"链主"企业充分发挥模范带头作用，以其自身的数字化转型作为示范，明确行业共性的痛点，让龙头先锋企业提炼出行业的转型方法。在探索总结行业转型方法和标准的同时，将龙头企业的转型经验广泛复制、推广，带动产业链供应链以及产业集群协同数字化转型。在政府推动下，佛山形成了龙头企业带动产业集群转型的驱动模式，如支持美的、联塑、海天等行业龙头企业大胆突破、率先转型，示范带动上下游中小企业踊跃融入数字化转型潮流，改变了企业"单打独斗"的现状，增强了中小企业数字化转型意愿。

三是阶梯式转型培育。为了提高数字化转型效率，降低企业转型的盲目性，佛山市政府探索出一条阶梯式转型路径，为转型提供了有效的方法论。首先，引导各类数字化服务商选取行业内以 3~5 家企业单位为标的，推出具有行业推广复制意义的快部署、低定价、高效果的平台或数字化转型产品，形成推动数字化转型的重要抓手。其次，单个企业通过数字化系统的应用迭代，逐步完成从标杆项目到示范车间再到示范工厂的纵向阶梯式发展。最后，在不同行业进行同步学习并大范围推进转型工作，实现横向推广，拓展数字化覆盖领域。通过分行业、分阶段的阶梯式转型培育，企业直观感受到转型的可行路径，激发了广大企业"可以转"的信心，这种方式帮助更多还在观望的腰部企业、中小企业踏上了转型升级之路。

典型案例

兴发铝业：做铝型材行业智造先行者

走进广东兴发铝业有限公司（简称"兴发铝业"）的数

字化工厂，机器轰鸣，生产线上各项工序有条不紊，各种数据在智慧大屏上实时跳动。车间采用智能化系统，从产品的研发设计到订单下达，再到生产出品、物流配送等全流程均在系统上协同，实时更新生产数据，较传统铝加工企业节省人员30%以上，效率提升50%。

长期以来，兴发铝业坚持走新型工业化道路，不断探索深化智能制造建设水平，以"数字化工厂"为核心，通过云计算、大数据、智慧物流、流程再造等新技术，在研发设计、订单管理、生产制造、物流配送、产供销协同上达到全局的数字化和智能化，成为高端铝型材与铝精深加工的"智造工厂"。

"从加工到装框储存，整个过程不需要人为干预。每框产品都有对应的二维码，相当于它们的'电子身份证'。任何时候只要扫一扫，便可以知道产品的数据，也能快速在立体仓库找到。"总经理刘怀正指着眼前的立体仓库说，"和其他产品不同，铝型材具有型号多、体量大等特点，比如我们拥有上万种铝型材型号，过去要通过人工去查出很麻烦，现在通过建立体仓库，占地面积不大但存储量能达到4000吨，不仅节约了人工成本，还成功提高了管理效率。"

兴发铝业近五年来每年投入超亿元进行自动化、智能化改造与信息化建设，打造了行业首家探索"数字化工厂"模式的智能工厂——兴发精密制造生产基地，并于2022年被评为佛山市数字化智能化示范工厂（二级工厂）。数字化之路没有终点，未来企业还将持续数字赋能，针对铝型材模具制造与管理存在的技术难题，通过搭建工业互联网平台，利用信息化手段进行模具数字化管理，从设计、制造、使用等全流程实现智能制造，进一步提升模具设计与制造能力，引领铝型材加工行业不断前行。

（资料来源：《广东兴发铝业有限公司：做铝型材行业智造先行者》，《佛山日报》2023年9月18日）

（四）拓宽服务供给，构建转型生态

近年来，佛山市政府通过加大基础设施保障、搭建转型产业服务平台、有效联动社会组织、保障互联网和数据安全等一系列举措完善产业转型的整体支撑体系，与企业共建属于佛山的转型生态圈。

一是强化基础设施支撑。佛山始终将新型信息基础设施建设放在首位，聚焦5G、工业互联网、大数据等重点领域，构建"泛在互联、全域感知、数据融合、智慧协同、安全可靠"的新型信息基础设施体系。目前，累计建成5G基站2.24万座，实现重点产业园区全覆盖，成为全省4个国家"千兆城市"之一（广州、深圳、佛山、清远）。此外，建成一批工业互联网平台，成为全省2个国家新型工业化产业示范基地（工业互联网）之一。美的集团美擎工业互联网平台作为佛山本土首个跨行业、跨领域工业互联网平台，上线工业App超千个，服务工业企业超20万家，连接设备超200万台。另有海尔卡奥斯、徐工汉云等13家"双跨"平台落户。积极部署工业互联网标识解析设施，美的、长天思源、奔朗新材料等分别牵头建设行业二级节点平台，目前全市共有4个标识解析二级节点。

二是搭建产业服务平台。围绕数字化关键资源和环节，佛山培育和集聚了一批熟悉工业场景、集成能力强的平台服务商，针

对制造业发展瓶颈和现实需求，精准输出转型解决方案，如吸引了美云智数、工业富联、华润数科等国内外知名工业互联网平台服务企业。与此同时，建立佛山市企业数智化转型升级服务平台（佛山智参），汇聚全球优质的数智技术、产品、方案等资源，为企业提供全天候、一站式的转型服务，帮助企业数字化转型出谋划策。佛山还与相关单位联合建设重大创新平台赋能数字化智能化转型。由佛山市政府部门、华中科技大学以及武汉华中数控股份有限公司联合组建的佛山智能装备技术研究院已服务企业300余家，建设改造自动化生产线100余条；由省科技厅、佛山市和南海区政府及广东工业大学四方共建的佛山广东工业大学数控装备协同创新研究院已服务企业超3000家，企业累计销售额超40亿元，税收超3亿元。

三是有效联动社会组织。佛山市政府充分调动佛山市信息协会、佛山市数字化产业促进会、佛山市工业互联网产业联盟、佛山市CIO联盟等各类组织的积极性，发挥协会和联盟的中间纽带和桥梁作用，通过整合集聚多元服务力量，形成促进企业数字化转型服务生态链。这些组织通过线上诊断与线下调研企业，全面摸清企业转型升级的现状和痛难点，为企业提供一对一精准辅导服务，帮助企业诊断出当前存在的问题，并提供下一步的转型方向。同时，以宣讲、研讨、培训、参观以及合作互动等方式，推动各工业互联网平台服务商、解决方案商等与制造企业实现有效对接，赋能企业加快数字化转型升级。

四是保障互联网和数据安全。佛山在全面推进数字化转型的同时也特别重视相关风险的防控。在"25条"中佛山明确要推动工业互联网安全态势感知、工业防火墙、入侵检测系统等安全产品研发和应用，引进和培育工业互联网专业安全第三方服务机构，指导企业开展工业互联网安全保障建设。对服务 10 家以上本地企业、经营情况符合一定条件、具有独立法人资格的佛山市本地安全服务机构，最高按服务合同总额的 50% 给予奖励，奖励金额最高 100 万元。聚焦工业互联网安全防护体系建设，佛山专门出台了《佛山市工业企业网络安全分类分级建设指引》，指引不同行业、不同规模，以及处在不同转型阶段的佛山企业，制定更科学、更适合、更合规的网络安全策略。通过举办"启沅杯"等技能竞赛、技术论坛，有效推动工业互联网安全前沿技术创新及优秀安全人才发现、挖掘和培养。此外，还成立了佛山市工业信息安全风险防护应急联盟，服务企业建立完善的工业互联网安全防护体系，以建立长期有效的联动为工业互联网安全保驾护航。佛山市政府还搭建了网络安全防御平台，打造 24 小时"智慧助手"，保障网络数据安全，助力企业实时掌握网络安全动态，营造开放、健康、安全的数字化转型环境。

典型案例

服务商群雄逐鹿，助力产业智能升级

佛山数字化智能化转型热浪滚滚，工业互联网的江湖已呈现百家争鸣、群雄逐鹿之势。2022 年 5 月初，华润数科工业互联网产业总部签约落户佛山。作为央企华润集团重点培育的数字科技业务单元，华润数科选择佛山作为工业互联网产业总部，佛山在工业互联网的"江湖地位"由此可见一斑。

过去五年间，国内工业互联网的头部企业已基本在佛山完成布局。活跃在佛山的大大小小的服务商，目前已经超过百家。工业侧，有美云智数、工业富联、海尔卡奥斯等世界

500强旗下的国家级双跨平台。IT侧，则云集了腾讯、阿里云、京东等互联网巨头。这样的规模、这样的质量、这样的密度，在全国地级市之中，实属罕见。

各大门派的服务商个个身怀绝技，服务内容基本涵盖了佛山各大支柱行业。美云智数、徐工汉云、用友、精工智能、金蝶等均可提供多个行业的服务。南海天富科技、技研智联等专注于纺织。智工智造等专注于铝材五金门窗机械的解决方案。科达制造、伊之密、埃华路等制造企业则提供自身成熟的解决方案，助力产业链制造端转型升级。

根据佛山市工业和信息化局发布的2021年工业互联网产业生态供给资源池企业及产品目录，2021年已有67家企业进入了资源池，包含133个应用/服务，应用产品类别有29个。落户佛山以来，腾讯工业互联网粤港澳大湾区基地已为11家企业提供了数字化转型服务。工业富联佛山智造谷正式营业半年，营业额就达到2000万元，2022年已超亿元。佛山市工信局副局长钟端章说："我们不会干涉服务商的发展，而是鼓励服务商竞合互补、引进生态合作伙伴。"

（资料来源：《上百家数智化服务商逐鹿佛山》，《佛山日报》2022年5月27日）

三、经验启示

佛山近年来以习近平总书记关于数字经济和实体经济融合发展的重要论述为指引，针对企业面临的难点和痛点，走出了一条数字化转型的佛山路径。总体来看，佛山数字化转型之路提供以下四点启示：

（一）政府在促进产业转型升级过程中需要前瞻布局、整体推进

随着产业生命周期的演进、技术变革以及市场需求的变化，各个行业必须紧跟产业发展大势，不断应用新技术才能获得持续的发展。但在产业转型升级的压力完全到来之前，企业并不一定都能敏锐地预测和判断出其所将要面临的风险，从而导致产业转型升级滞后，产业逐步萎缩，地区增长缺乏支撑。因此，地方政府部门有必要帮助地区产业把握产业发展方向，提前布局，及早升级。虽然政府对具体市场机会的嗅觉不如企业，但政府站在公共利益的角度在把握产业宏观发展方向和技术变革趋势上有一定的优势，同时政府部门拥有的财力和其他资源可作为支持产业发展的工具，因此，对产业升级进行总体设计和部署是政府应尽的职责。佛山在2015年便把"工业4.0"写入市委全会报告，在全国比较早地开始推进制造业的数字化转型，经过多年扎实的工作，佛山数字化转型也在全国走在前列，制造业竞争力有了较大提升。

产业通过采用新技术进行转型升级的过程需要基础设施、相关产业链环节、资金以及相关人才等资源的有效供给。而在新技术推广应用中，这些要素往往并不齐备。同时，新技术在其产生的早期阶段成熟度不高、稳定性较差，企业过早应用新技术存在较大风险，各类要素资源的拥有者对新技术的发展存在相互观望情绪，供给意愿不足。因此，这时单靠市场很难解决问题，需要政府部门着眼全局，全面推进各方面工作，尽力为各类资源牵线搭桥，并充分发挥政府的职能，加强相关基础设施的建设，完善产业链条，吸引产业人才，为企业融资提供支持和担保，为新技术的应用推广创造良好条件和环境。佛山在推进数字化转型的过程中，较早就开始进行全面布局，针对企业转型中面临的各类困难，在资金、人才等要素的供给，新一代信息基础设施建设，数字经济生态的营造以及示范推广等方面全面发力，形成了数字化转型的良好势头。

（二）要依托本地产业基础同步推进产业数字化和数字产业化

数字技术和数字经济是当前和未来经济增长的新空间，能否抓住这个发展趋势对于地区经济发展意义重大。但目前数字经济和数字技术仍处于发展初期，需要通过与实体经济持续互动，才会涌现出大量新的技术、商业模式和产业组织模式。因此，地区在推进数字经济发展过程中，关键是要聚焦本地主导产业、支柱产业的数字化需求，实现数字经济与实体经济的深度融合。一方面是通过数字技术来改造提升本地产业，即"产业数字化"；另一方面是利用本地支柱产业的集群优势来发展数字经济并集聚数字产业相关要素，形成数字经济与本地优势产业的良性循环和相互反馈，即"数字产业化"。佛山在推进数字化转型过程中，各类政策聚焦于本地产业特色，一方面是重点推进在佛山占较大比重的传统和先进制造业数字化转型，针对这些行业智能化、信息化需求强、能力弱的特点，树立转型标杆，为行业中的中小企业提供示范。同时也针对传统行业中小企业众多的特点推进"数字贷"金融产品，解决企业资金难题。另一方面，针对佛山产业集群化发展程度高的特点，围绕装备制造、家电、家具、陶瓷、纺织服装、金属制品等具备较完善产业链条的支柱产业，培育打造了一批信息互联互通、生产高效协同、传输安全可靠的行业性工业互联网平台，带动广大中小企业"抱团转型、集群升级"。如依托产业集聚度较高的纺织印染等特色园区搭建了纺织印染行业的工业互联网平台。行业互联网平台的发展在促进制造业升级的同时也培育了一批行业数字化转型的专业服务商，如家电制造领域脱胎于美的集团的美云智数以及泛家居制造领域的维尚家具等。因此，正是因为佛山聚力于本地特色产业的数字化转型升级，制造业领域的数字经济和数字技术才在佛山得到了较为充分的发展，进而成为一个新的产业增长点。

（三）数字化转型需要各类市场主体协同发力

新技术的应用存在网络外部性问题，即随着新技术应用数量的增多，新技术推广的速度会加快，但新技术应用走上快车道需要一个"临界容量"，即超过"临界容量"才能出现正反馈效应，形成自我加速的局面。数字技术作为一个新技术，其应用过程就存在基于各方面主体的网络外部性，需要相互关联的大中小企业、产业链上下游以及技术创新的各类主体共同参与、协同发力才能顺利实现转型。在各类主体中，三类主体对于数字技术的应用达到"临界容量"作用重要，要给予特别的关注和支持。

首先，龙头企业对全产业链条的转型起着引领和示范作用。掌握核心技术并对接国内外大市场的龙头企业在数字化转型过程中处于中枢位置，一方面，龙头企业需要数字化来全面提升其供应商网络的生产质量和效率；另一方面，龙头企业也有技术和资金实力推进数字化转型的相关设备投资、相关技术研发和人才的培训。龙头企业的数字化过程会将相关标准向全行业扩散，对整个行业起到带动作用。佛山推动了美的、蒙娜丽莎等相关行业龙头企业的数字化转型，这些企业对整个行业起到了很强的引领作用。

其次，数字化转型还需要数字化专业服务商的发展和参与。数字化和智能化是一个专门的技术领域，虽然很多制造企业也在自主提升本企业的数字化、智能化水平，但普遍对该领域缺乏系统全面的认识，也缺乏相关技术的创新能力。因此，数字化转型就特别需要专业服务企业在本地的发展。佛山引进培育了一批熟悉工业场景、集成能力强的工业互联网平台服务商，围绕制造业发展瓶颈和现实需求，精准输出转型解决方案，完善了产业链的关键环节，对数字技术的推广应用起到了重要作用。

再次，相关新型研发机构的参与至关重要。数字化转型过程需要进行大量的技术研发，专业的新型研发机构对关键技术的攻关和突破作用重要。佛山在数字化转型过程中就发展和引入了数字技术的相关研发机构，如佛山智能装备技术研究院以及佛山广东工业大学数控装备协同创新研究院等，为大量企业提供了数字化、智能化的技术服务，对佛山数字化转型起到了重要的科技支撑作用。

（四）数字化转型要与数字经济治理同步推进

随着数字化转型的深入推进，云计算、大数据、物联网等新一代信息通信技术与工业、医疗、金融等领域深度融合，各类新模式、新业态不断涌现，企业数据广泛共享和互联。在此情况下，网络安全威胁不断积聚，衍生出一系列产业发展和社会安全风险，如数据安全风险、新模式新业态的征税和监管真空风险、平台企业的垄断行为、新型劳资纠纷、由数字经济引起的结构性失业问题等。如果不提前防范这些风险，数字化进程可能会出现无序状态，给产业和社会带来重大损失。因此，为促进数字化转型过程的安全有序，需要及早推进数字经济治理，包括数据安全的保护、平台企业行为的规范、促进数字经济企业公平竞争、防范算法风险、推动数字普惠、缓解结构性失业问题等等。佛山较早注意到数字经济带来的风险，并采取了一定的行动，搭建了网络安全防御平台，保障网络数据安全，引进和培育了一批数据安全服务商，提供密码安全产品及其他数据安全服务，加强了数字基础设施的建设，以高规格的数字基础设施保障数据和互联网安全。这些措施都加强了佛山工业互联网和数据的安全保障，有利于佛山数字化转型行稳致远。

【思考题】

1. 在财政实力较弱的地区，当地政府应如何帮助中小企业破解数字化转型之困？

2. 地区如何依托本地主导产业同步推进产业数字化和数字产业化？

3. 地方政府在构建数字化转型生态过程中，要着重在哪些关键环节发力？

云浮市"政银企村"共建模式下
发展新型农村集体经济的有益探索

中共广东省委党校（广东行政学院），中共云浮市委
党校（云浮市行政学院）课题组①

【引言】发展新型农村集体经济是我国乡村振兴战略提出的一项重要任务。2023 年 4 月 13 日，习近平总书记在广东考察时再次强调："加快构建现代乡村产业体系，发展新型农村集体经济，深入实施乡村建设行动，促进共同富裕。"② 正是在习近平总书记重要讲话、重要指示精神指引下，中共广东省委在"1310"工作部署中高度重视发展新型农村集体经济，并将其作为实施"百县千镇万村高质量发展工程"的一项重要任务。

【摘要】"村级集体经济发展困难—农村基层治理能力落后"的"低端锁定状态"是广东省乃至全国亟须突破的难题，特别是欠发达地区经济发展面临可利用资源少、发展思路狭窄、欠缺资

---

① 课题组成员：中共广东省委党校赵祥、李田、麦景琦、杨卫明；中共云浮市委党校郑伟玲、黎霞。

② 《坚定不移全面深化改革扩大高水平对外开放　在推进中国式现代化建设中走在前列》，《人民日报》2023 年 4 月 14 日。

143

全扶持、欠缺项目拉动等问题，更是难上加难。2022年以来，云浮市认真贯彻落实习近平总书记关于"发展新型集体经济，走共同富裕道路"的重要指示精神，按照省委、省政府的部署要求，针对农村集体经济薄弱难题，高站位推动、全链条督办、多主体参与，探索"党建引领、政府搭台、市场推动、村村参与、村企共赢、农民增收"的工作思路，坚持"市场化、可持续、经营性、低风险"原则，"政银企村"四方发力合作共建现代化养殖小区，走出了一条党委领导下社会资本与村集体合作发展新型农村集体经济的新路径。进一步夯实了党的执政基础，巩固了共同富裕成果，提高了基层治理水平，促进了农村产业升级。

云浮"政银企村"合作模式的探索与实践启示我们，在发展新型集体经济的过程中，要坚持党的统一领导，高政治站位推动村级集体经济高质量发展；发挥多元主体优势，大力创新农村集体经济发展模式；充分激发龙头企业带动作用，提升农业产业链现代化水平；坚持系统观念，强化政策集成使用效果。

【关键词】新型农村集体经济；乡村振兴；共同富裕；政银企村

一、背景情况

（一）欠发达地区农村集体经济落后问题亟待解决

"村级集体经济发展困难—农村基层治理能力落后"的"低端锁定状态"是广东省乃至全国亟须突破的难题，特别是欠发达地区经济发展面临可利用资源少、发展思路狭窄、欠缺资金扶持、欠缺项目拉动等难题，更是难上加难。具体来看，云浮在发展村级集体经济中主要面临四大难题。

一是村级集体经济薄弱。村级集体经济"造血"能力不足是云浮高质量发展的一个短板弱项。据统计，2021 年云浮市 847 个行政村中，有 602 个集体经济收入低于 10 万元，占 71%。其中，有 138 个行政村收入低于 1 万元，占 16%，收入超过 10 万元但收入来源不稳定的 84 个。

二是涉农资金效益不高。多年来，各级财政持续投入涉农资金用于壮大村级集体经济，但资金多部门投放，分散使用，存在"撒胡椒面"的现象，往往无法形成合力。同时，资金所投农业产业项目良莠不齐，常常陷入重复化、同质化、低效化的困境，绩效发挥不明显，实际效果与投入力度不相匹配，甚至造成大量资金浪费。

三是项目缺乏专业化团队运作。习近平总书记强调："推动乡村全面振兴，关键靠人。"① 目前不少行政村缺乏有眼界、有思路、有办法的带头人，多数忙于日常事务，缺乏精力和能力带头发展集体经济。即使有好的项目，也往往缺乏专业化的运营团队，单靠各个村的力量，较难吸引人才加入。

四是"三农"融资难。农村有效承贷主体与乡村振兴旺盛的金融需求不匹配。首先，普遍缺乏涉农有效融资主体，农业经营主体金融承载能力不足，农村环境提升融资渠道不畅通。乡镇地区往往因没有主导产业或产业规模小、缺乏有效的抵押物、农户自身缺少技术和经验、抗风险能力较弱等问题，导致"三农"融资难。存在"三农"领域"融资难"和金融机构"难贷款"并存现象。比如，有的乡村振兴项目短期内不能产生稳定的现金流

---

① 《解放思想开拓创新团结奋斗攻坚克难　加快建设具有世界影响力的中国特色自由贸易港》，《人民日报》2022 年 4 月 14 日。

和收益，金融机构较难跟进服务；有的因承建主体经营不好、项目手续不齐全等原因，无法获得银行信贷支持。其次，财政资金和社会资本对金融资源的撬动力不足。很多农村基础设施建设项目，既需要财政资金作为启动资金，同时还需要撬动信贷资金投入，甚至需要居民自身投入以及社会资本方的介入，共同形成资本联动。但很多项目周期长、无收益，或者收益率低，难以吸引社会资本方和民间资本介入。2017 年以来，国家进一步规范了政府购买服务的中长期融资业务模式，中长期项目贷款与"政府兜底背书"分割，部分乡村振兴项目为公益性项目，本身无收益或收益很小，没有政府背书很难达到银行准入要求。再次，金融服务乡村振兴的配套措施有待完善。从担保增信与风险分担方面看，地方政府与金融机构合作对接意愿强，但后续落实机制难以有效跟上，信贷担保资源落实难，风险分担体系不完善，这些因素都极大影响金融机构服务乡村振兴的积极性。

（二）发展新型农村集体经济是助力乡村振兴和实现共同富裕的重要途径

党的二十大报告指出，全面建设社会主义现代化国家，最艰巨最繁重的任务仍然在农村。[①] 习近平总书记强调："要发展壮大村级集体经济，提升党组织凝聚服务群众的能力。"[②] 经济基础决定上层建筑。在整个基层治理体系中，经济建设是中心，经济发展是基础。新型农村集体经济是指在农村地域范围内以农民为主体，相关利益方通过联合而形成的具有明晰的产权关系，实行平等协商、民主管理、利益共享的经济形态。发展新型农村集体经

---

① 《习近平著作选读》第 1 卷，人民出版社 2023 年版，第 25 页。
② 《中共中央政治局召开会议》，《人民日报》2018 年 11 月 27 日。

济既是夯实党的执政基础的重大政治任务，也是抓党建促基层治理能力提升的具体实践。省委十三届二次全会强调："深入实施'百县千镇万村高质量发展工程'，在城乡区域协调发展上取得新突破。""抓新型农业经营体系改革，用现代生产方式整合分散的小农经济，促进农业增产、农民增收。"

从乡村振兴的角度看，发展新型农村集体经济提高了农民组织化程度，有利于集聚和盘活农村资源要素，克服了一家一户"办不了、办不好"的困难，推动农村规模经济效应形成，是实现农业农村现代化的重要途径。从促进共同富裕的角度看，发展新型农村集体经济是引领农民实现共同富裕的重要手段。一方面，集体经济发展壮大有利于增加农民的就业机会和劳动收入，有效降低了农民个体分散经营的风险；另一方面，集体经济发展壮大有利于增加农村集体公共积累和财力，做大"蛋糕"，从而为建设更好的农村生产生活环境创造条件。

二、主要做法及成效

（一）党委领导，强化顶层设计

1. 坚持问题导向，深入调研出对策

市委书记多次带队深入基层一线调研，了解云浮农村集体经济收入情况。针对这个问题，云浮市委提出要"夯实基础、龙头带动、因地制宜、分类推进发展农村集体经济"的工作思路。经与农业龙头企业、金融机构反复研究磋商论证，确定了"政银企村"共建项目这个创新模式，提出以产业项目带动的方式全面发起壮大村级集体经济"砍尾"行动，着力破解年经营性收入10万元以下村级集体经济组织增收难问题。要求县（市、区）、镇政府要因地制宜，充分利用资源、地域优势确定发展项目，采用

"工业+""农业+""资源经济+"等模式，确保如期完成目标任务；如无合适项目，则积极推行"政银企村共建"养殖小区模式。

2. 高度重视，做好顶层设计

市委成立由市委主要领导任组长，市政府主要领导为常务副组长，其他市委、市政府领导为副组长，各县（市、区）党政及市有关部门主要负责人为成员的云浮市发展村级集体经济工作领导小组，领导小组办公室设在市农业农村局。市委书记亲自布置、亲自协调、亲自推动"政银企村"共建发展模式落地实施，主持召开了10多次专题会议、书记市长碰头会研究解决一系列问题。2022年7月5日，云浮市委印发《云浮市发展壮大村级集体经济攻坚行动方案》，对发展壮大村级集体经济进行全面谋划部署。制定了7份具体工作指引，形成了"1+7"政策体系，对目标任务、具体措施、工作要求等进行了全面部署，重点推广实施"政银企村"共建养殖小区项目作为示范，为各县（市、区）提供横向到边、纵向到底的一体化工作指引。同时，组建由组织、财政、农业农村、自然资源、国资、金融、税务等部门组成的服务保障专班，工作专班负责统筹协调发改、财政、自然资源、农业农村、生态环保、林业、国资、金融、税务、供电等各方资源，在土地和林业资源统筹、项目立项、证照办理、环保处理、资金调配、税收优惠、电力供应等方面加大支持力度，并设置绿色通道简化各环节申报流程，通过挂图作战、协调联动，合力解决项目推进中遇到的问题。成立由市委办公室、市政府办公室、市委组织部、市农业农村局组成的专项督查组，把发展壮大村级集体经济纳入县级党委、政府主要负责人和领导班子综合考核评价，县镇党委书记抓基层党建述职评议考核的重要内容，通过组织的方式做好全方位服务保障、全过程督导，让全市上下各级党委政府都下定决心，高位推动高效养殖小区建设工作。

3. 落实行动，组建平台公司

选择合适的国有全资公司、供销联社，联同行政村（社区）集体经济组织共同组建平台公司，作为出资和收益分配主体。将原有"撒胡椒面"式分配的涉农资金资源进行有效整合，化零为整，集中配置。平台公司负责统筹自有资金、助镇帮镇扶村资金、扶持发展壮大村级集体经济专项资金以及其他涉农资金作为杠杆，按不高于 1∶1 的比率撬动银行融资，以自建出租或回购返租等方式，与农业龙头企业签订协议获取固定收益，并制定受扶持村的收益分配方案。平台公司对项目履行监管职责，不承担市场风险，农业龙头企业具体进行养殖与市场经营。合作期满后，由平台公司出资建设而形成的资产、土地租赁期内的经营权等相关权益仍归平台公司所有。如罗定市组建了泷农畜牧公司、泷康畜牧公司等国有公司，统筹乡村振兴驻镇帮镇扶村资金 16302 万元，向有关银行融资 17500 万元，与中标企业签订了合作协议，由中标企业按 EPC+O 模式建设 2 个大型养殖小区并进行经营管理，带动 275 个行政村每年每村平均增收 8 万~9 万元。

（二）财政撬动，放大资金效应

在推进"政银企村"共建项目模式的过程中，云浮辖内银行机构充分发挥"金融活水"作用，推动财政资金与银行资本强强联动有效解决项目建设资金问题。该投融资模式既为银行提供大额贷款长期利息收入，又可有效降低信贷风险，实现多方共赢。

1. 惠农资金入股

行政村集体经济组织作为平台公司的主要股东，依法将用于本集体经济组织发展的各级扶持资金入股平台公司。因此项目初始资金来源为驻镇帮镇扶村专项资金及其他涉农资金。但由于这些专项资金具体到每个村镇的资金较为有限，因此必须考虑撬动金融资本，用好涉农金融政策，放大资金效应。为此，平台公司依托资本实力和政府背景为项目获得银行贷款提供信用支撑。银行充分挖掘金融支农惠农政策红利，按不高于4%的利率向平台公司提供规模不超过其自筹资金的中长期信用贷款。通过整合财政资金，并按不少于1：1的比例撬动银行资金，搭建起"市规划县统筹—财补资金撬动银行融资—整县推进国企承接—龙头企业承包运营—组织农户（新型农业经营主体）生产—村集体持股分红"的运营框架，在市场化原则下使财政资金的投资引导功能和信贷资金的杠杆效应实现充分共振，既有效将财政补助从"一次性输血"变为"持续造血"的产业投资，又能合规撬动足额银行信贷资金投入，在不新增政府隐性债务的情况下解决经济欠发达地区建设融资难题。

2. 建立融资对接沟通机制

对上，云浮市金融工作局会同各银行向上级行积极争取政策支持，用最优利率和延长贷款期限支持项目的建设。对云浮本地，市金融工作局及时与市农业农村局、市国资委及各县（市、区）沟通联系，制定了《各县（市、区）发展壮大村级集体平台公司融资对接联系/进度表》，搭建起金融、农业、国资、县（市、区）、平台公司以及银行机构的六方联络机制，畅通银行机构和各项目平台公司融资对接渠道，每周更新工作台账，使各方能及时就项目融资相关事宜进行及时沟通对接。

3. 创新推动融资方案落地落实

结合发展村级集体经济项目的实际，市金融工作局及时紧跟各银行机构和各项目平台公司的融资对接进度，先后召开8次工作协调会议,并每周更新融资进度台账。先后到新兴、郁南、云安等地开展调研督导,分析各县(市、区)养殖小区项目在办理贷款过程中遇到的难点堵点问题,及时给予指导意见或建议进行协调解决,确保项目融资工作能够加快推进。接着,由市金融工作部门统筹组织辖内农业发展银行和4家农商银行专门针对该项目的建设模式,结合发展村级集体经济项目的实际以及银行机构的有关要求,制定出台《云浮市发展壮大村级集体经济养殖小区项目办理银行贷款工作指引》,对该项目贷款主体的确定、贷款期限和利率、第一还款来源和担保方式、贷款用途、贷款审批和发放条件等进行明确。各银行在期限和利率等方面给予了最大的政策倾斜和优惠条件,并综合运用保证、信用和质押等多种担保方式,推出适配于村级集体经济融资特点的"长期限、低利率"的便捷信贷产品。例如,针对银行信贷产品期限一般不超过10年,而养殖小区合作期达15年以上的问题,指导各银行积极向上级行争取政策,创新推出"建设贷"等信贷产品,并将贷款本金尽量押后偿还,以减轻项目建设前期还款压力,确保项目融资工作能够顺利推进。同时,各参与银行均成立以行领导为组长的工作小组,紧盯养殖小区建设进度,及时与运营主体签订银企合作框架协议书,并开通绿色通道加快行内贷款授信审批速度。云浮市17个"政银企村"共建养殖小区总投资7.7亿元,其中财政自有资金投入3.84亿元,撬动银行长周期低息贷款3.86亿元,有效发挥了财政资金放大效应。

(三)企业经营,确保良好经济效益

"政银企村"共建项目采取所有权与经营权分离的新风控模式,国资平台公司通过公开招标确定龙头企业承包运营,中标企业作为"政银企村"共建养殖小区项目的运营主体,政府和村集

体不参与、不干预企业的生产、运营和管理，由企业独立运作并承担市场风险。由于新兴县温氏集团股份有限公司为本次"政银企村"共建养殖小区的主要中标龙头企业，下面将以它为例，详述企业在"政银企村"中的地位、作用、做法。

1. 市场化运作

养殖小区建成后，龙头企业温氏集团积极响应云浮市委号召，担当作为，通过政府公开投标取得经营权，由温氏独立经营并承担市场风险。运用市场思维、依靠市场手段促进产业发展，让政府、银行、村集体三方在实施"政银企村"共建产业项目模式中有效协作。政府和村集体充分遵循市场经济规律，不干预企业的生产、运营和管理，协定由参与合作的龙头企业温氏集团作为运营主体，负责制定选址标准、工艺流程建设规划，资产运营维护保养及日常经营运作，从种苗、饲料、兽药疫苗、技术服务到加工销售全链条的产业化运作。

2. 专业化运营

温氏从"公司+农户（家庭农场）"向"公司+现代养殖小区"升级迭代，采用物联网、人工智能、云计算等新技术，实现了对鸡舍温度、湿度等环控指标的智能控制和生物安全的智能管控，实现肉鸡养殖模式的转型升级，逐步走向园区化、集约化、自动化、智能化、绿色化。

一是设备自动化。常规的喂料、喂水、清粪等工作，全部实现设备自动化。环控系统按照环境条件设定参数，通过自动调控风机、湿帘、通风窗等设备来调节鸡舍内温度、湿度、光照和通风量，保证肉鸡处于最适宜的生长发育环境。

二是生产高效化。场内按照 X 层 X 列 H 型养殖设计，在合作养殖过程中，公司全程、全方位提供生产物资与技术服务支持。

推行饲养、疫苗、捉鸡等专业分工,实现生产高效化。

三是养殖绿色化。配套多重环保保证系统,建设高度闭环式生物安全防控体系,养殖各项指标符合国家环保标准,饲养密度高,大生产稳定,肉鸡产品输出安全、高效、优质。

四是管理智能化。应用"物联网+"系统,通过高精密度传感器和无线网络,对鸡舍生产环境、料耗、能耗等进行远程实时监测分析以及异常预警;同时,"物联网+"与大数据的运用融合,通过温湿度、光照、通风、耗料、饮水等实际生产数据的自动备存与关联图表分析,从传统、海量数据的统计分析转变为大数据的实时电子化分析,统计更快分析更精准,在保障生物安全的基础上,有利于对生产全流程精准掌控,真正实现数字化、智慧化养殖生产高度融合。

3. 确保农民收益有保障

采用"农民+合作社+龙头企业""土地流转+优先雇用+社会保障"等利益联结方式,充分发挥农业龙头企业温氏在资本、技术、信息和市场对接等方面的优势,提升项目规范化、标准化、市场化水平,促使项目实现稳定收益。创新村企合作模式,辐射带动当地或周边农户、新农主体、中小企业等共同投资参与现代设施农业项目建设,让农民分享更多产业增值收益。温氏每年按不低于项目总投资金额的10%承诺向平台公司支付经营性收入。平台公司以此计提财政投入折旧、向银行还本付息、向入股的村集体持续分红,从而达到产业升级、企业发展、村集体经济壮大的多赢局面。

但只要是投资就必然会有风险,如何处理风险问题?云浮的"政银企村"合作模式采取购买商业保险形式分担风险。参与发展村级集体经济的各类主体可根据经营风险状况等实际情况选择购买合适的如财产险、养殖险、巨灾险等保险产品，加强项目建设经营过程中的风险保障。如郁南县投入资金 20446 万元用于回购该县 5 个"政银企村"共建养殖小区，通过公开招标确定中标的运营公司，由该运营公司开展运营维护，带动 160 个行政村年经营性收入达到 15 万元。云安区投入 3700 万元建设富林"政银企村"共建养殖小区，通过公开招标确定中标的运营公司，带动 44 个行政村年经营性收入达到 15 万元。

（四）村集体入股，获取稳定分红收益

1. 行政村级集体经济组织入股

行政村级集体经济组织作为平台公司的主要股东，依法享受收益分配等股东权利，履行股东义务，依法将用于本集体经济组织发展产业的各级扶持资金入股平台公司，由平台公司用于投资建设高效养殖小区，每年按不少于投资金额 10% 的比例获取股东收益，大大降低风险，确保资金投资的安全性。

2. 行政村集体履行相应义务

印发工作清单明确镇村 20 项职责任务，由镇村党员干部带头参与土地流转、矛盾化解等工作，引导当地群众大力支持项目建设。在符合规划和用途管制前提下，村集体经济组织要协助当地政府引导承包户流转土地、组织养殖户参与基础设施建设及养殖。

3. 行政村集体经济组织获取稳定收益

平台公司在计提财政投入折旧、扣除银行本息和运营费用后，根据行政村入股比例向村集体分红。经营期为 15 年，养殖小区资产归村集体所有，期满后可续期。云浮市在开展多次摸底调查的基础上，以行政村为单位精准制定"一村一策"，将 2021 年经营性收入在 15 万元以下的行政村全部纳入重点扶持范围，国有平台公司根据每个扶持村对照 15 万元的收入差额具体情况进行收益分

配。新兴县推进建设 7 个"政银企村"共建养殖小区,总投资14836.6 万元,带动 136 个行政村(社区)依据持股比例获得 4万~13 万元不等的收益。云城区推进建设 2 个养殖小区,总投资4200 万元,该区 41 个行政村依据持股比例获得 3 万~10 万元不等的收益。

(五)主要成效

1. 进一步夯实党的执政基础

云浮市以"政银企村"共建模式发展新型农村集体经济,进一步增强了村级自主保障能力,使基层党组织有能力强化党群服务阵地、完善党群服务体系、改进联系服务群众效能,有力地促进了党建工作队伍选优配强,推动村级配备"十个一"治理队伍达 2.1 万人。该模式增强了村党组织的公信力和号召力,提高了村党组织在群众中的威信,进一步夯实了党在农村的执政基础。

2. 进一步巩固共同富裕成果

云浮市以"政银企村"共建模式发展新型农村集体经济,发挥"集中力量办大事"的优势,推动镇域经济、乡村产业做大做强,扎实推进共同富裕。2022 年云浮市年经营性收入达到 10 万元的村级集体经济组织从 2021 年的 245 个跃升至 711 个,2023 年已全面实现全市 847 个行政村和 125 个社区集体经营性收入达 15万元以上,提前两年完成省定任务,进一步巩固了共同富裕成果。

3. 进一步提高基层治理水平

通过"政银企村"共建模式发展新型农村集体经济,提高了村级组织的社会治理水平,从而更好地为群众办实事、办好事,有利于促进农村和谐稳定,建设宜居宜业和美乡村。2022 年,全市村级推动解决了农村基础设施修建、治水修路、慰问群众、卫生清洁、厕所改造等"小微实事"1.2 万多宗，推进生活条件改善类项目 1375 个。

4. 进一步促进农村产业升级

云浮市大力实施"政银企村"共建模式发展新型农村集体经济，实现了标准化管理、现代化生产、专业化经营，有力推动了现代化畜牧养殖业发展。在财政资金和银行贷款的加持下，将现代化养殖小区项目从重资产投入转变为轻资产运营，使龙头企业能够以少量自有资金撬动大规模产能扩张和技术升级，形成产业升级、企业发展、农村集体经济壮大、农民增收的多赢局面。

三、经验启示

云浮"政银企村"共建项目的成功，破解了村与村之间发展不平衡的问题，跳出了农村经济"扶持—达标—不达标—再扶持"的怪圈，在广东省乃至全国更是一项突破性的探索，走出了一条符合云浮实际的高质量、可持续的新型农村集体经济发展路子，对全省全国新型农村集体经济发展有着重要借鉴意义。

（一）坚持党的统一领导，高政治站位推动村级集体经济高质量发展

旗帜鲜明讲政治才能确保党在纷繁复杂的局面下认清方向，在激烈变化的竞争中坚定社会主义事业奋斗目标。2018 年，习近平总书记在十九届中央政治局第八次集体学习时指出："要把好乡村振兴战略的政治方向，坚持农村土地集体所有制性质，发展新型集体经济，走共同富裕道路。"[1] 在习近平总书记重要论述精神指引下，

---

[1] 《把乡村振兴战略作为新时代"三农"工作总抓手　促进农业全面升级农村全面进步农民全面发展》，《人民日报》2018 年 9 月 23 日。

中共广东省委在"1310"工作部署中高度重视发展新型农村集体经济，并将其作为实施"百县千镇万村高质量发展工程"的一项重要任务。云浮市委、市政府把推动村级集体经济高质量发展作为一项重要政治任务来抓，坚持"一把手"工程不动摇，以书记专题会、市委常委会、市政府常务会议持续深化研究部署，专门成立市委主要领导任组长，市政府主要领导任常务副组长，其他市委、市政府分管领导同志为副组长的云浮市发展村级集体经济工作领导小组，并组建服务保障专班和专项督查组，做好顶层设计，不断完善运行机制，加强对"政银企村"共建养殖小区建设的要素支持，全方位服务保障、全过程督导推动共建项目建成投产。2023 年，又把发展壮大新型农村集体经济与"百千万工程"紧密结合起来，整合市发展村级集体经济工作领导小组成员单位的人员、职责、工作内容，市"百千万工程"指挥部增设村级集体经济专班，重点做好发展壮大新型农村集体经济工作。云浮"政银企村"共建项目的成功经验告诉我们，只有全面坚持党的政治建设统领，各级以高政治站位把牢改革方向，强化制度建设，才能确保对集体经济薄弱村的全面统筹、全面兜底、全面保障。

（二）发挥多元主体优势，大力创新农村集体经济发展模式

模式创新是发展农村集体经济的重要突破口和关键所在。明确改革方向后，必须创造性抓好落实。习近平总书记指出："农村集体产权制度改革重点是适应社会主义市场经济要求，构建产权关系明晰、治理架构科学、经营方式稳健、收益分配合理的运行机制，充分利用农村集体自身资源条件、经营能力，探索资源发包、物业出租、居间服务、资产参股等多样化途径发展新型农村集体经济。发展集体经济必须尊重群众意愿、遵循市场规律，不能走'归大堆'的老路子。"① 省委"1310"具体部署，强调要着力激活改革、开放、创新三大动力。创新是发展的第一动力，农村集体经济发展不能盲目跟风、一味跟跑，而是要因地制宜，深入挖掘各个主体的资源优势，巧妙设计，进行经营模式的创新。培育发展农村新产业新业态，开发农业多种功能、挖掘乡村多元价值，把资源优势、生态优势、文化优势转化为产品优势、产业优势。这样不仅可以避免同质化的恶性竞争，还能利用"差异化"保证各地特色经济得到长久稳定发展。政府要充分发挥规划、布局、引导和辅助的作用，出台相关政策、配套相应的专业化服务，充分推动农村集体经济创新模式的发展。政府要充分发挥规划、布局、引导和辅助的作用，出台相关政策、配套相应的专业化服务，充分推动农村集体经济创新模式的发展。首先，要明确乡镇的特色和优势。每个乡镇都有自然资源、人文历史、地理位置等方面的独特之处，应深入调研了解乡镇的产业特色，挖掘本地特有资源或原有产业基础将其转化为集体经济发展壮大的优势。只有找准定位，才能够在激烈的市场竞争中脱颖而出。其次，要注重特色产业的创新和协同发展，不仅停留在传统的模式上，还要积极引进新模式、新理念，推动产业的创新发展。最后，乡镇之间、各种发展模式之间也要加强合作和联系，形成协同效应，共同提升产业的竞争力。云浮"政银企村"共建项目之初，市委主要领导就提出要"夯实基础、龙头带动、因地制宜、分类推进发展农村集体经济"。经与农业龙头企业、金融机构反复研究磋商论证，确定了"政银企村"共建项目这个创新模式，提出

---

① 习近平：《加快建设农业强国　推进农业农村现代化》，《求是》2023 年第 6 期。

以产业项目带动的方式全面发起壮大村级集体经济"砍尾"行动，着力破解年经营性收入 10 万元以下村级集体经济组织增收难问题。在云浮创新模式中，政府善于利用地方特色和各方优势，进行模式的创新。政府在其中起到系统串联沟通的作用，通过搭建平台公司入股的方式进行资金整合，通过引导龙头公司经营的模式进行正规化运营。模式的创新使得多元主体协同发力，共同参与平台化现代化养殖小区的建设。

（三）充分激发龙头企业带动作用，提升农业产业链现代化水平

通过发挥龙头企业的规模化作用，借由其在产业生态中的影响力和主导地位，将资源禀赋和要素优势拓展辐射到全产业链，能真正起到"以大带小"的效果，畅通整个产业链循环。云浮市在发展农村集体经济过程中，始终坚持龙头引领。温氏集团是全国著名农业龙头企业，2022 年肉鸡上市量 10.8 亿只居全国第一，肉猪上市量 1790 万头居全国第二。温氏集团在云浮市内分布有一体化养殖公司 10 家，涉及猪、鸡、鸭三大产业。2022 年，以温氏牵头建设的广东省新兴县现代农业产业园通过国家现代农业产业园认定；以温氏作为牵头单位入选广东首批 15 个"省级现代农业全产业链标准化示范基地"，以温氏牵头建设的广东省优质鸡跨县集群产业园入选省级现代农业产业园入库重点推荐公示名单。云浮市选择温氏集团作为养殖小区市场化运营的主要承接方，充分利用其专业化运作优势和产业基础及辐射带动能力，提高联农带农效益。作为"政银企村"共建养殖小区项目的运营主体，温氏集团主要负责项目选址、流程技术和日常运营，为村级集体经济组织提供"五统一"服务（种苗、饲料、兽药疫苗、技术、加工销售），很大程度上解决了当地农民就业问题，有效改善了原有乡村特色产业分散、各自为战的不利局面。另外，对于龙头企业来说也是难得的发展机遇，在财政资金和银行贷款的加持下，"政银企村"共建模式将现代化养殖小区项目从重资产投入转变为轻资产运营，使得龙头企业能够以少量自有资金迅速撬动大规模产能扩张和技术升级，无形中也大幅提升了企业经营效益，实现了多方共赢。

（四）坚持系统观念，强化政策集成使用效果

党的二十大报告系统阐述了习近平新时代中国特色社会主义思想的世界观、方法论和贯穿其中的立场观点方法，提出"六个必须坚持"，其中很重要的一条就是"必须坚持系统观念"①。在发展新型农村集体经济的过程中，发展的不平衡、不充分问题仍然突出，发展中矛盾和困难错综复杂，只有坚持好、运用好系统观念，才能解决好发展农村集体经济的实际问题。云浮建设"政银企村"共建项目涉及多政策的叠加和交叉，各级政府在协调使用政策时善于整合政策，利用政策的合力也是成功的关键。面对项目初始资金较为有限的问题，地方政府想到撬动金融资本，用好涉农金融政策，放大资金效应的方案，通过整合财政资金，并撬动银行资金，搭建起"市规划县统筹—财补资金撬动银行融资—整县推进国企承接—龙头企业承包运营—组织农户（新型农业经营主体）生产—村集体持股分红"运营框架，既有效将财政补助从"一次性输血"变为"持续造血"的产业投资，又合规撬动足额银行信贷资金投入。在项目实施过程中，市金融工作局及时紧跟各银行机构和各项目平台公司的融资对接进度，并统筹组织辖内农业发展银行和4家农商银行专门针对该项目的建设模式，

---

① 《习近平著作选读》第1卷，人民出版社2023年版，第17页。

结合项目的实际以及银行机构的有关要求，制定了一系列政策和工作指引。各银行在期限和利率等政策方面给予了最大的倾斜和优惠条件，并综合多种担保方式，推出适配于村级集体经济融资特点的便捷信贷产品。正是地方政府善于利用各种资金政策的利好，综合运用各种政策合力，将原有撒胡椒面的方式化零为整，才助力云浮市迅速实现了新发展模式的成功。可以看出，地方政府只有充分熟悉各部门政策特色，坚持系统观念，调动各方积极参与，使得多种政策叠加发力、增大效用，实现对政策的集成使用，才能更好地筹集资金、创新发展模式，推动村集体经济项目更快更好地发展。

【思考题】

1. 本案例体现了习近平新时代中国特色社会主义思想的哪些世界观和方法论？

2. 在"政银企村"模式中，如何协调各方权责并兼顾各方利益，实现模式创新？

3. 在发展新型农村集体经济过程中，如何坚持集中发力，强化政策集成使用效果？

4. 以您所在的地区为例，如何发挥龙头企业的作用带动当地产业发展？

5. 请谈谈发展新型农村集体经济还有哪些好做法？

做好"送上门来的群众工作"

——深圳市光明区马田街道群众
诉求服务"红色小分格"模式创新

中共广东省委党校（广东行政学院），中共深圳市光明区委党校（深圳市光明区行政学院、深圳市光明区干部学院）课题组①

【摘要】 当前，国内外环境深刻变化，社会矛盾纠纷进入凸显期，大量矛盾问题通过信访渠道反映出来。而信访工作人员缺口大、信访治理承载超负荷、矛盾纠纷复杂多样等一系列问题的存在，更加剧了信访治理的难度。为贯彻党的二十大"加强和改进人民信访工作"的要求，落实省委"1310"具体部署"扎实推进法治广东平安广东建设，在构建新安全格局上取得新突破"，促进信访工作的高质量发展，深圳市光明区马田街道着眼于信访问题源头治理，通过"红色小分格"搭建网格化的群众诉求服务体系，整合下沉各级各类资源，依法及时就地化解矛盾，切实有

---

① 课题组成员中共广东省委党校法学教研部吴育珊主任、吴堉琳副教授、林树煌副教授撰写，并得到了中共广东省委党校法学教研部彭灏岳研究实习员，中共深圳市光明区委党校阮清方常务副校（院）长、黄国滨校委委员、周文和部长、程之捷老师的大力支持，特此致谢。

效地减少了信访存量、控制了信访增量、防止了信访变量，做实做好"送上门来的群众工作"，使新时代"枫桥经验"以及"干部下基层开展信访工作"等优良传统和宝贵经验在南粤大地上熠熠生辉。

【关键词】信访问题源头治理；红色小分格；群众诉求服务；枫桥经验；干部下基层开展信访工作

2022年3月1日，习近平总书记在2022年春季学期中央党校（国家行政学院）中青年干部培训班开班式上指出："信访是送上门来的群众工作，要通过信访渠道摸清群众愿望和诉求，找到工作差距和不足，举一反三，加以改进，更好为群众服务。"① 深化信访问题源头治理有利于及时摸清群众愿望和诉求，是做好"送上门来的群众工作"的重中之重。为此，深圳市光明区马田街道将着力点放在源头预防和前端化解上，多措并举、综合施策，把可能引发信访问题的矛盾纠纷化解在基层、消解在萌芽状态，有效地减少了矛盾上行，避免了小事拖大、大事拖炸，为回应群众合理诉求、推动信访工作在法治轨道上运行以及完善基层治理体系提供了范本。

一、背景情况

（一）新时期的信访工作形势

当前，信访工作面临多重挑战，缠访闹访破坏社会稳定、越级上访冲击信访秩序、积案难消减损国家公信、不当处理消耗法

---

① 习近平：《努力成长为对党和人民忠诚可靠、堪当时代重任的栋梁之才》，《求是》2023年第13期。

治权威等问题与现象极为普遍，特别是在房地产、教育学位、涉众金融等领域高发。其中，广州、深圳等超大型城市所面临的形势更加严峻。一方面，城市化进程的不断加快、群众诉求的日益多元，导致新的利益纠纷、矛盾冲突不断凸显，重点领域信访问题频发；另一方面，超大型城市的外来人口众多，人口倒挂特征明显，"广漂""深漂"比邻而居又互不往来，形成一个个"陌生人社会"，加重着基层治理的难度。超大型城市、高密度社区、陌生人社会特征下的信访问题源头治理亟待破局。

（二）马田街道的信访治理难题

马田街道位于深圳市光明区西南部，总面积 17.76 平方公里，常住人口 40 余万人，是光明区人口密度最高、社会治理难度最大的街道。马田街道的信访量长期居高不下，信访量最高时占比超全区一半以上。改革前，马田街道面临的信访治理难题具体有：

其一，超大型城市、高密度社区治理难度大，群众诉求量大，信访案件多发。马田街道以光明区 11% 的面积承载着 30% 的人口，是全区人口最多、楼宇最多、城中村最多、企业最多、场所最多的街道。小微企业数量多、外来人口占比大、人口结构复杂以及超过六成常住人口居住在城中村等因素，导致辖区内安全生产事故多发、公共配套不均衡、社会治安形势复杂、市容环境脏乱差等问题较为突出，影响了人民群众的获得感、幸福感、安全感，直接导致信访总量长期维持高位。另外，由于身处"陌生人社会"，群众对社区事务不关心、不参与、不理睬，对内部问题的自我处理、自我消化能力非常弱，很多细小摩擦叠加升级，演变成大量的信访问题。

其二，群众诉求服务渠道少、阵地少，信访工作质效不高，导致"信闹不信理""信访不信法"。马田街道共有 8 个社区，平均每个社区管理服务人口超过 5 万人，另有 6000 余家小档口、小作坊、小娱乐场所等"三小"场所和 3000 余家工矿企业，但改革前的基层工作人员总共才 200 余人。基层工作人员少和管理人口多的矛盾，使得马田街道矛盾纠纷化解等基层治理工作一直处于超负荷的状态。群众诉求服务阵地少、渠道少，群众反映诉求只能到街道或社区的诉求服务大厅，地方远、排队久、反映难，导致小事拖大、大事拖炸。

其三，历史遗留与经济快速发展共同导致企业诉求、群众利益诉求呈现复杂化趋势，加剧信访治理难度。一是自 1958 年光明农场成立以来，光明地区管理体制经历了 17 次调整变革，导致历史遗留问题错综复杂，社会矛盾难以实质化解，信访积案持续留存。二是马田街道的企业数量全区最多，受发展需求、市场竞争、政策环境、社会环境影响，企业诉求呈高发态势，需要更加完善的政策支持和服务保障。三是马田街道的工业园区体量大，普遍存在建成时间久、物业陈旧、分布零散、产值低下情况，散乱污危企业影响人居环境，群众意见大。四是经济环境更趋复杂、土地整备项目涉及搬迁企业数量多等多重客观因素引发劳资纠纷增多。2020—2022 年，马田街道的劳资纠纷总量达 4758 件。种种因素的叠加，导致信访治理呈现有心无力的窘态。

其四，管理机制不健全致使"三小"场所失管、漏管、脱管，进而导致信访问题高发。马田街道有 7600 余栋城中村建筑，其中小档口、小作坊、小娱乐场所等"三小"场所数量庞大、行业多元，涉及经营、消防、环卫、违规住人等管理事项，但长期没有明确统一的管理主体。在权责交叉、边界模糊的领域，各行业主管部门投入力量有限，往往以"属地管理"为由，将治理问题推给社区兜底。而社区的治理力量薄弱、权力有限，面临想管

好又管不过来的困境，导致出现"治理真空"，最终使城中村
"三小"场所成了隐患事故易发、多发的温床，引发相应的信访
问题。

（三）立足源头的"马田路径"探索

马田街道的问题既有个性，也有共性。要妥善解决上述问题，
必须从信访的源头入手。国家《"十四五"时期信访工作发展规
划》强调，要坚持预防和化解并重，加强源头治理，将矛盾纠纷
化解在基层、消解在萌芽状态。作为响应，光明区在区一级层面
首先开启了探索。2019 年以来，光明区创新搭建网格化群众诉求
服务体系，整合下沉各级各类资源，打造了依法及时就地化解、
压实责任源头防范、协同发力系统治理的群众诉求服务"光明模
式"①，推动信访工作成为不断提升群众获得感的民心工程。改革
实施后，全区信访量断崖式下降，社会治安显著好转。2019 年，
全区上访总量同比下降 45.9% 和 62.8%，到市集体访同比下降
68.5% 和 66.1%，占全市 0.69% 和 0.38%。2020 年，上访总量同
比再降 38.3% 和 68.9%，其中到市集体访占全市 0.9%。2020 年，
光明区获得"2020 年中国社会治理百强县（市）区第一名"称
号；自 2021 年以来光明区连续三年获评"全国信访工作示范县

---

① "光明模式"的具体路径可以概括为四个转变：其一，"一个（信
访）大厅"变"多个（服务）站点"，主动听取群众诉求，实现"诉求服
务在身边"。其二，"行政主导"变"全员参与"，广泛发动社会各界多方
力量，实现"矛盾化解在源头"。其三，"层级管理"（信访派单）变"社
区发令"，下沉各类资源由社区党委统筹，形成工作合力，实现"问题处理
在基层"。其四，"传统管控"变"智慧治理"，做到第一时间发现、受理、
化解、处置、反馈全流程网上办理，公开透明、智慧高效，实现"治理效
能再提升"。

（市、区、旗）"。

在"光明模式"的基础上，马田街道结合自身存在的难点、痛点，痛定思痛，在信访问题源头治理上迭代升级"光明模式"。2022 年 4 月起，在既有"光明模式"的基础上，马田街道贯彻"党建+治理+服务"理念，率先探索出"红色小分格"这一基层治理新单元，塑造起"街道+社区+小分格"基层治理新体系，并建立起群众诉求及时发现、矛盾纠纷及时化解以及信访问题及时预防的治理机制，推动信访关口前移，为探索新时期信访问题源头治理提供了一条有益的新路径。2023 年以来，马田街道信访总量同比下降 66%，信访量从占全区的 28.9%下降到全区的 1.74%，并实现"零"进京访；求决类初次信访件数量同比下降 28%，一次性化解率大幅提升至97.98%，解决群众问题同比增加 11.8 倍，相关做法已在深圳全市得到推广。2023 年 6 月，"红色小分格"模式被人民网、中央党校联合评选为全国"2023 创新社会治理典型案例"；2024 年 1 月，马田街道获评"广东省 2023 年信访工作示范乡镇（街道）"。

二、主要做法

深圳市光明区马田街道坚持和发展新时代"枫桥经验"，弘扬践行"干部下基层开展信访工作"，牢固树立大抓基层、大抓源头、大抓化解的导向，不断探索创新完善党建引领基层治理"群众诉求服务小分格"工作模式，构建起"1+8+80+N"服务体系。工作中不断研究总结，建立五种途径诉求收集机制、三种方式诉求化解机制和多种类型诉求预防机制，并通过自治、德治、法治三治融合的做法提升治理效能，有效破解了一系列难题，短时间内实现信访量大幅下降，全区最少，打了一个漂亮的信访工作"翻身仗"，为信访问题源头治理找到了一条新路径。

（一）党建引领赋能小分格治理体系高质量发展

其一，治理单元划分上，优化划格方式，精密划分网格。为解决基层治理"有条无块"、精细度不足的问题，马田街道按照"属地管理、规模适度、无缝覆盖、最小颗粒度、人文片区完整性、工作量均衡"原则，将街道的 8 个社区科学划分为 80 个小分格和 N 个机动小分格，每个小分格平均面积不超过 0.2 平方公里、管理人口一般为 3000~5000 人，将群众诉求服务模式从原本"光明模式"下的"1+8"迭代为"1+8+80+N"，搭建"街道—社区—小分格"的基层治理新架构。80 个小分格中，包括 65 个在居民密集居住区设置的社会治理单元和 15 个在工业园区设置的经济治理单元（企业格），在具体治理过程中采取有差异性的治理方式，提升了社会治理颗粒度、精准度，形成更精更细的信访治理格局。为解决"部门壁垒"，马田街道将综治、城管、市政等 17 类行业职责、208 项治理事项分类归入到小分格中，采取"一格统管"的形式，在小分格内形成"一岗多能、一员多责、巡办合一、即查即办"的治理格局，达到"进一次门、一次就到位"的治理效果。

其二，治理力量充实上，干部下沉分格，打造精兵强将。全面推动街道领导、部门负责人、社区书记、年轻干部下沉挂点小分格，将 130 名在编干部全面下沉小分格担任指导员，指导员每周至少两次到小分格开展群众诉求服务以及信访接访等工作。并且，从社区层面下沉 1053 名工作人员充实小分格工作力量，每个小分格配备网格员 10~15 人。小分格格长由表现突出的网格员担任，指导员与格长共同担任"信访专员"。并且，根据小分格属性的不同，在社会治理类小分格中设置网格信息岗、巡查纠治岗、诉求服务岗三类岗位,重在解决民生诉求;在经济治理类小分格中设置网格信息岗、应急管理(安全生产)岗、民生诉求服务岗和经济服务岗四类岗位,坚持安全生产监管与涉企服务并重,进而实现对号服务、精细服务。相关举措整合了队伍、厘清了职责,真正让网格员不再事事兜底,不落入基层治理事无巨细、有权无责的治理困境,实现"减负增效"。2023年前三季度,15个经济治理类小分格已经成功处置企业诉求1160宗、劳资纠纷案件2150宗,成功化解深圳市华盛源机电有限公司等多家企业员工以及商铺业主的信访问题,为经济社会发展创造了平安稳定的环境。并且,在这一过程中,小分格被打造成锻炼、发现和使用干部的一线平台——下沉在编党员参与一线信访工作等做法,让机关干部锻炼了基层党建经验,提升了政治能力、群众工作能力和攻坚克难能力;而编外人员"格长—社区党支部宣传委员/组织委员—社区党支部副书记—社区党支部书记—街道干部"的"五步法"成长路径,打破了编外人员的上升瓶颈,进一步激发了编外人员的积极性和主动性。

其三,治理把舵定向上,分格建立党支部,增强党组织堡垒作用。在80个小分格成立临时党支部,下沉在编党员干部担任指导员的同时担任支部书记,临时党支部成员则从街道社区下沉人员、基础网格员、楼栋长、股份合作公司、物业单位、企业商户、社会组织中的党员和热心公益的居民党员中产生,并由社区党委加强审核把关。小分格党支部每两周召开一次小分格党支部会议,积极汇集群众诉求,及时回应关切。目前,80+N个小分格党支部累计召开支部会议1500余次。建立党员"户联系"制度,充分发挥党组织统一领导和党员先锋模范作用,通过定期走访、直接联系服务群众等多样化联动方式,当好党的政策宣传员、民情民意收集员、矛盾纠纷调解员、民主议事决策员，及时化解信访源头问题。

其四，治理平台打造上，设立群众诉求服务站，打造信访治理新阵地。依托 80 个小分格打造 80 个群众诉求服务站（信访诉求大厅），将其定位为集收集民情民意、解决信访难题、宣传法治知识等功能于一体的综合性服务平台。站内设置群众诉求服务、廉情监督、消防巡查、网格巡查等岗位，由网格员中的群众诉求调解员负责开展群众诉求服务与信访案件接访工作，让群众在"家门口"就能找到反映和解决问题的窗口。此外，结合微信群以及"民意速办""书记在线""基层治理平台2.0""社区微家园"等线上平台，实现信访事件等群众诉求服务的处理"楼下有站点、网上有扫码"。"民意速办"线上机制与"小分格"线下机制深度融合后，线上群众诉求平均办结时长从最高时 6.47 天下降至最低时 0.9 天。

（二）多措并举保障小分格治理机制长效化发展

首先，坚持发现问题是基础，建立五种途径诉求收集机制。一是巡查发现诉求。小分格工作人员每天在"小分格"内巡查走访 1 次以上，一楼栋一层楼每一户走访到位，向居民群众收集群众诉求、宣传法律知识、平安资讯等，2023 年前三季度共收集群众诉求 2000 余件。二是开门登记诉求。小分格群众诉求服务站各窗口每天接待并登记群众诉求，2023 年前三季度各窗口共收集群众诉求 5200 余件。三是扫码反映诉求。各小分格张贴群众诉求服务"书记在线"二维码 2300 张，居民足不出户线上反映诉求，2023 年前三季度共收集线上诉求 7000 余件。四是领导干部"驻点接访"。每周四开展"群众诉求服务日"，领导干部、指导员下沉到格、入驻到点开展接访，在矛盾突出区域摆摊设点，收集群众反映，倾听意见建议，变"被动等"为"主动疏"。五是上级交办诉求。市、区、街道有关部门将民意速办及其他网络渠道收集的群众诉求交办到小分格。通过上述五种途径收集群众诉求，做到全覆盖、无死角，并形成"问题清单"。据此，马田街道成功建立起信访"弱信号"的监测、排查、收集与研判机制。

其次，坚持解决问题是关键，建立三种方式诉求化解机制。对收集到的群众诉求全面进行分析分类，快速处置，进而避免"信上不信下"的越级上访现象以及"信访不信法"的重复信访现象。一是邻里纠纷事项，格内协调处理。网格员、社区法律顾问、社区"五老"（老党员、老干部、老教师、老战士、老模范）等组成小分格调解员队伍及信访评理团成员，就地就近调处各类矛盾纠纷，并对重大信访事项处理结果进行"评理"。目前，格内协调处理已基本实现网格员在接到诉求后的半小时内到场解决问题或安排当事双方前往群众诉求服务站进行调解，当日纠纷化解率高达81%，切实筑起了矛盾纠纷化解的"第一道防线"。以马山头社区"01"格成功化解楼层漏水纠纷为例，网格员杨明收到群众反映后，第一时间赶赴现场，深挖背后矛盾根源，坚持源头化解，放弃从租客责任问题上切入，而是主动联系房东解决问题。在后续的调解过程中，杨明以公正、公平的立场，从情理、法理入手，积极引导双方沟通，并提出专业可行的修缮方案，由房东负责修缮漏水问题，租客则同意在维修期间给予配合，这一方案得到了各方的共同认可。二是重大纠纷事项，发令推动处理。深圳市信访工作联席会议办公室、光明区信访工作联席会议办公室赋权马田街道80个小分格成为基层社会治理"指挥中枢"，首创"分格发令、部门执行"机制，对需要市、区相关部门参与调解处理的矛盾纠纷，可由街道、社区、小分格发令，要求相关部门到场处理，进而打造"小分格—社区—街道—区级—市级"五级响应体系，让职能部门真正以群众诉求"为令""闻令"而动，充分调动干部力量下访参与群众诉求服务工作。制度实行以来，马田街道小分格共发令851次，社区应哨543次，街道业务部门应哨223次，区直部门应哨84次，市直部门应哨1次，相关部门、单位及时执行率100%。三是疑难纠纷事项，上报跟进处理。对于跨区域、跨部门、群体性、规模性等各类疑难杂症信访事项及历史遗留问题，小分格研究协调后，及时将相关情况逐级上报解决。三种方式的配合，使得人民群众绝大多数信访问题及诉求得以解决，有效化解了"红色小分格"模式推行之前马田街道信访问题多发高发的严峻形势，成功防止信访问题上行。

最后，坚持预防问题是根本，建立多种类型诉求预防机制。为做到群众诉求发现早、疏导快，马田街道通过法律服务、心理服务、困难帮扶、指导就业等多种形式，实现矛盾纠纷源头排查。一方面，深化"500米公共法律服务圈""500米社会心理服务圈"。落实法律服务队伍"点对点"入格服务，依托各社区群众诉求服务站对外公布法律服务和心理服务热线，免费提供法律咨询、合同修改、法律文书审查等法律服务，以及免费提供心理咨询、心理疏导、危机干预和心理健康宣讲等心理服务，主动发现、引导、匹配和链接群众法律及心理需求，实现法治和心理力量全覆盖、先介入。2023年前三季度，共提供免费法律咨询服务1141宗、心理咨询等服务3599人次，成功调解各类纠纷1478宗。另一方面，以小分格群众诉求服务站为载体，链接社会团体、爱心企业等多维度供需资源，全面建成"小分格志愿服务圈"，在群众"家门口"提供急救药箱、储物托管等便捷服务，开展"便民大集市""暖蜂行动""小分格助企行"等服务活动多场。在

"小分格助企行"活动中，摸排梳理辖区企业用人需求，通过微信群向居民群众推送"岗位需求清单"，举办"小分格招聘会"，帮助企业和求职者解决信息不对称引发的"用工难"与"求职难"问题。2023年以来，共促成400余人达成就业意向。工作过程中，马田街道紧盯"防变量"清单，把防风险、护安全、保稳定贯穿信访工作各方面全过程，切实加强分析研判、风险预警，强化应急处置，重点防范规模性聚集、涉访个人极端行为、负面炒作等情况发生。2023年，围绕飞线整治、道路破损、停车划线、共享单车整治、餐饮业油烟机漏油污染、南方电网线缆等六大问题开展专项整治行动；超额完成了薯田埔社区1.3平方公里连片产业空间土地整备，贡献产业空间约60万平方米，妥善处置了688家企业及商铺搬迁安置问题；并全力做好了华润公园九里等重点楼盘矛盾纠纷，高效处置多起突发群体性事件，实现"零"进京访。

（三）三治融合促进小分格治理效能稳健化提升

首先，以自治增活力，鼓励社区居民、热心志愿者参与治理。其一，在每个小分格组建党群理事会，充分调动党员群众、"两新"企业、商户代表、环卫工人、新就业群体等多元力量，对群众反映突出的热点、难点问题共商共议，邀请社区法律顾问、妇联、工会等专业力量参与。截至2023年11月，累计召开分格理事会1440次，收集并解决诉求1451件。其二，建设小分格志愿服务圈。共组建9支小分格志愿服务队和48支先锋小队，通过5000余个微信群发布志愿服务信息，通过积分奖励等做法鼓励、吸纳居民群众加入志愿者队伍，在格内常态化开展矛盾纠纷调解、安全防范及特殊群体关爱等志愿服务，协调解决群众急难愁盼问题。其三，创建"小分格+警格"模式，马田派出所在辖区设有

10 个警区 80 个警格，在日常工作中小分格与警格高度融合，组建以网格员、分格志愿者、警格反诈队员组成的扫楼队伍，常态化进行扫楼活动。2023 年前三季度，已开展扫楼行动 2300 余次，辖区内各类警情明显下降，提升了居民的安全感。

其次，以德治扬正气，促进社区秩序和谐稳定。一方面，培育吸纳有威望、热心肠的居民代表、退休干部、乡贤代表等德行高尚者参加党群理事会，突出榜样教育和示范引领，充分发挥亲缘、人缘、地缘优势，以社区老熟人的身份，深入小分格中的各行各业、每家每户，及时发现矛盾风险、掌握社情动态，并就地就近调处各类矛盾纠纷，充分发挥德润人心的作用，有效破解基层治理中法律手段太硬、说服教育太软、行政措施太难等问题。另一方面，以社会主义核心价值观为指引，积极宣传和弘扬中华传统美德。深入挖掘中华优秀传统文化讲仁爱、重民本、守诚信、崇正义、尚和合、求大同的时代价值，通过官方网站、微信公众号、宣传栏等传播普及社会主义道德观，依托群众诉求服务站开展"阳光家庭携手创文明"亲子志愿活动等一系列精神文明创建活动，推进家庭家教家风建设，引导居民追求高尚的道德理想，营造崇德向善的良好风尚。

最后，以法治强保障，实现信访问题预防、受理、办理法治化，信访工作监督追责法治化以及信访秩序维护法治化。其一，明确各部门、社区及小分格在群众诉求及信访案件办理等方面的具体工作职责，建立风险隐患预警、闭环处置化解、干部包案、"发令执行"、议事机制等一系列规范制度。其二，印发《关于进一步深化党建引领基层综合治理改革工作的实施方案（试行）》《马田街道红色小分格深化践行群众诉求服务"光明模式"的实施方案》《马田街道党建引领"基层治理小分格"工作评分细则》

等工作方案，编发《光明区马田街道"红色小分格"工作制度汇编》等，每个群众诉求服务站按照"八有"标准建设，即有牌子、有窗口、有人员、有制度、有台账、有二维码、有发令单、有效果。其三，建立考核晋升机制，将分格内的矛盾纠纷排查量、信访诉求受理量、群众扫码量、矛盾纠纷化解量、"信访专员"接访量作为街道选优择能的用人依据。其四，建立监督检查机制，街道党政班子联席会、部门社区协调交流会、小分格周例会定期研究群众诉求服务等平安建设情况，对小分格的工作实绩通报排名，传导工作压力。此外，街道纪律检查工作委员会配套开展"廉洁马田，我有'格'调"系列基层党风廉政建设活动，充分利用小分格优势，设立80个小分格廉情监督站，选配街道优秀公务员和群众代表担任廉情监督员，形成监督事项"一张清单"，创新设置"六个一"工作法，做到一日一检查、一周一宣讲、一月一商议、一季一主题、一对一谈话、一事一上报，实施日常有效监督，从源头上解决不作为、慢作为和微腐败等问题。

三、经验启示

信访问题源头治理是及时就地解决信访问题、切实维护群众合法权益的治本之策，也是全面提升信访工作能力水平、推动信访工作高质量发展的有效途径。2023年2月，国家信访局启动了为期三年的信访问题源头治理攻坚行动。深化信访问题源头治理是广东省全面贯彻落实党的二十大精神，深入贯彻习近平总书记关于加强和改进人民信访工作的重要思想，认真贯彻落实习近平总书记视察广东重要讲话、重要指示精神的必然之举。马田街道为代表的深圳创新模式，以"干部全部下沉一线、主动收集群众诉求、就地解决群众问题"为立足点，聚焦群众诉求"发现得了、发现在早"，从"等群众来"变为"找群众去"；聚焦群众诉求"化解得了、化解在小"，从"被动应对"变为"主动解决"；聚焦群众诉求"预防得了、预防在先"，从"基层末梢"变为"治理前哨"，极大提高了基层信访工作服务群众、解决问题、化解矛盾的能力和水平，取得了明显的治理成效，为适应超大型城市、高密度社区、陌生人社会的治理需要提供了可复制、可推广的马田路径。

（一）党建引领是深化信访问题源头治理、做好"送上门来的群众工作"的根本保证

信访问题源头治理的基础在基层。党的二十大报告强调，要"坚持大抓基层的鲜明导向""推进以党建引领基层治理""把基层党组织建设成为有效实现党的领导的坚强战斗堡垒""拓宽基层各类群体有序参与基层治理渠道"等等。马田街道坚持党委统筹群众诉求工作，把党组织建设到"80+N"个"红色小分格"中，建立党员干部"户联系"制度，统筹构建以党支部为主阵地的"社区共同体"，搭建党员、群众深度参与社区事务的机制和平台，以党建引领撬动社会资源，把党的组织体系"根"扎得更深、"网"织得更密，让"红色基因"融入包括信访治理在内的基层治理的每个"细胞"当中。这一做法，奠定了马田路径成功的基石。党建引领，一方面是高位推动形成合力，另一方面也是保障信访问题源头治理遵循正确的方向和路径。《信访工作条例》明确，信访工作应当坚持党的全面领导。深化信访问题源头治理，应当将做好群众诉求服务以及信访治理工作作为"两个维护"的具体体现和实际行动抓紧抓好。除了将党组织建设到基层，具体推进信访工作，党政主要负责同志应当严格落实"党政同责、一岗双责"的信访工作责任，亲自部署推进；分管领导要具体抓落实，做好督促跟进，把工作落细落小、责任落实到人；各级信访工作联席会议特别是乡镇信访工作联席会议要加强协调指导、统筹推进，确保各项工作落细落实。概言之，要把党的领导贯彻到信访工作各方面和全过程。

（二）法治思维是深化信访问题源头治理、做好"送上门来的群众工作"的基本保障

2020 年 10 月，习近平总书记在中央党校（国家行政学院）中青年干部培训班开班式上强调："要自觉运用法治思维和法治方式深化改革、推动发展、化解矛盾，维护社会公平正义。"① 运用法治思维和法治方式开展信访工作，也是新时代信访工作的基本原则和总体要求之一。《信访工作条例》规定信访工作"坚持依法按政策解决问题。将信访纳入法治化轨道，依法维护群众权益、规范信访秩序"，鲜明指出了法治的基本保障地位。马田街道重视信访工作预防法治化，明确小分格各工作岗位人员的具体职责，落实了源头治理责任；重视信访工作受理法治化，对群众诉求及信访案件全面分析分类，划分邻里纠纷事项、重大纠纷事项和疑难纠纷事项，分清性质、明确管辖，并做到转办督办到位；重视信访工作办理法治化，对信访事项依照法律规定和程序按时处理到位，"分格发令、部门执行"机制创新更是直击重复信访以及信访积案的症结，解决"基层看得见但管不了，部门管得了但看不见"的难题，使得《信访工作条例》"属地责任"的规定落实到位；重视信访工作监督追责法治化，不断完善监督检查机制，确保可问责性；重视信访工作维护秩序法治化，通过信访评理等方式，有效维护了信访秩序。在此基础上，光明区从区一级

---

① 《年轻干部要提高解决实际问题能力 想干事能干事干成事》，《人民日报》2020 年 10 月 11 日。

固化优化相关工作经验，一是突出"访调"对接，细化"信访+调解"流程，对达成调（和）解的，引导申请司法确认，并将经司法确认事项纳入涉法涉诉事项范围内；二是将"不正确履行依法决策、矛盾纠纷排查处置等职责，引发突出信访问题"作为提出追责建议情形之一；三是严格依法处理以访牟利、滋事扰序、缠访闹访等违法信访行为，贯彻《深圳市信访活动中违法违规行为线索移交工作机制》，推动各街道、各部门收集线索、规范移送，公安机关及时调查反馈……2023 年 8 月，光明区被确定为全国首批 14 个信访工作法治化试点县（市、区）之一。上述做法表明，全面提升信访工作法治化水平对于深化信访问题源头治理有重要的意义和作用。在信访工作中，应当深入学习贯彻习近平法治思想，加强信访工作队伍能力建设，不断提高运用法治思维和法治方式开展工作的能力，在厉行法治、依法办事中更好地化解矛盾、维护权益、促进发展、保障善治。

（三）系统观念是深化信访问题源头治理、做好"送上门来的群众工作"的重要基石

信访问题源头治理指向的是源头，但绝非意味着"头痛医头"。信访问题源头治理要取得成效，离不开系统筹划、整体治理。习近平总书记在对信访工作的指示中曾强调："要切实依法及时就地解决群众合理诉求，注重源头预防，夯实基层基础，加强法治建设，健全化解机制，不断增强工作的前瞻性、系统性、针对性，真正把解决信访问题的过程作为践行党的群众路线、做好群众工作的过程"①，体现和坚持了系统观念。系统观念是马克

---

① 《千方百计为群众排忧解难 不断开创信访工作新局面》，《人民日报》2017 年 7 月 20 日。

思主义认识论和方法论的重要范畴。党的二十大报告深刻阐述了习近平新时代中国特色社会主义思想的世界观和方法论，其中就包括"必须坚持系统观念"。在信访问题源头治理工作中坚持系统观念，一方面意味着要前瞻性思考、全局性谋划、整体性推进信访工作。光明区在《关于进一步深化光明区党建引领网格化治理改革工作的通知》中提出了"治理体系系统化、职能权责标准化、为民服务精细化、队伍建设专业化、科技支撑数字化"的系统观念，并以此进行制度设计，做强党建、做实治理、做优服务，建立健全了信访问题源头排查化解的长效机制。马田街道在此基础上，找准痛点难点，摸索出"快、准、稳"的工作要求，以"快速到达群众身边，精准把握问题根源，稳妥有序化解风险"为指导，多措并举，系统构建小分格治理体系、完善小分格治理机制、激发小分格治理效能。另一方面也意味着要做到加强信访工作系统集成、实现协同高效。应当在确定以群众诉求服务作为信访问题源头治理主要创新举措的基础上，深入研究各相关领域改革的关联性和各项创新举措的耦合性，深入论证新机制、新做法的可行性与有效性。除此之外，社会治理的系统性也要求听民需、聚群力、画好共建共治共享的"同心圆"。亦即发挥群众的自治动力、动员多方社会力量参与，让社区能真正做到根据群众诉求"发号施令"，让信访工作能真正解决群众"访累"，实现信访工作重心下移、关口前移，打通信访工作"第一站"和"最后一米"，切实将问题解决在基层、化解在萌芽状态。

（四）"枫桥经验"与"干部下基层开展信访工作"的有机结合是深化信访问题源头治理、做好"送上门来的群众工作"的关键所在

2023 年是毛泽东同志批示学习推广"枫桥经验"60 周年、

习近平同志指示坚持和发展"枫桥经验"20周年，也是习近平总书记亲自倡导并带头下访接待群众形成"干部下基层开展信访工作"经验20周年。"枫桥经验"以"小事不出村，大事不出镇，矛盾不上交，就地化解"为主要内容，"干部下基层开展信访工作"以"变群众上访为领导下访，深入基层，联系群众，真下真访民情，实心实意办事"为主要内容，二者均是党领导人民推进基层治理现代化的重要探索，均坚持人民至上、体现群众观点，并着眼于化解矛盾纠纷。但二者化解的矛盾和采用的方式不尽相同，"枫桥经验"自下而上、重在预防，"干部下基层开展信访工作"自上而下、重在破难。面对新形势、新问题，信访问题源头治理的质效提升，需要推动二者有机结合，进而夯实基层基础，实现"控增量、减存量、防变量"的信访工作目标，从源头上预防和化解矛盾纠纷。马田街道一方面在共建共治共享理念下推行"分格理事会""人人都是调解员"等工作平台机制，努力实现"小事不出分格、大事不出社区、要事不出街道，矛盾终结在区里"，坚持和发展了新时代"枫桥经验"；另一方面则结合省委"千名信访干部千镇行解民忧"的活动部署，抓住"真正把人员沉到一线去"这个关键环节，率先探索"分格发令、部门执行"机制，市、区干部纷纷来到小分格为群众排忧解难，并下沉在编干部担任分格指导员等，让干部和群众"坐在一条板凳上、围在一张桌子上"，精准化、精细化为人民群众办实事、解难题，深入践行"干部下基层开展信访工作"。

由此，"枫桥经验"与"干部下基层开展信访工作"的有机结合，不仅仅是"自上而下"与"自下而上"相结合的路径遵循，更是要求处理好、协调好"多与少""大与小"之间的关系。一是"多与少"的关系。干部多下去，群众就少上来，信访工作不能回避矛盾、不能掩盖问题，要敢往矛盾堆里走、到问题堆里去。如果领导干部回避矛盾、躲避群众，即使下去，也只"下"到那些矛盾少的地方，则很可能导致历史遗留问题越积越多、群众上访量有增无减。二是"大与小"的关系。"枫桥经验"可以化解绝大部分"小矛盾"，而"干部下基层开展信访工作"能够解决"枫桥经验"解决不了的"大问题"。信访事项也无外乎有大有小，二者结合，是整体提升信访问题源头治理成效、实质化解矛盾的重要途径。

【思考题】

1. 马田街道群众诉求服务"红色小分格"模式是否可复制、可推广？

2. 结合工作实际，谈谈如何做好信访问题源头治理？

基层治理中"民主协商"理念的落实

——深圳市"民生微实事"工作实践

中共深圳市委党校(深圳行政学院) 龚建华[①]

【引言】习近平总书记在十九届四中全会报告中着重指出:"社会治理是国家治理的重要方面。必须加强和创新社会治理,完善党委领导、政府负责、民主协商、社会协同、公众参与、法治保障、科技支撑的社会治理体系。……打造共建共治共享的社会治理共同体。"[②]

【摘要】为落实中央精神,2015年9月,深圳市人民政府办公厅印发《全面推广实施民生微实事指导意见》,在全市全面推广实施"民生微实事"项目,鼓励各区(新区)以群众点菜、政府提供服务的方式开展"民生微实事"项目,快速解决社区居民身边的小事、急事、难事,不断增强人民群众的获得感、幸福感、安全感。通过"民生微实事"的创新做法,基层党组织得以在引

---

① 龚建华为中共深圳市委党校公共管理学教研部副主任、副教授。

② 《十九大以来重要文献选编》(中),中央文献出版社2021年版,第287页。

领居民公众参与基层治理,践行"民主协商"方面有了具体抓手,切实提升了人民群众共建共治共享社会治理共同体建设水平。深圳市"民生微实事"项目以居民需求为导向,着重解决居民身边的小事、急事、难事,实施四年多来,在加强党的领导、强化居民自治、改善社区环境、丰富居民生活等方面取得了显著成效,已经成为深圳市落实中央、省关于加强和创新社区治理,提高和改善民生的有效举措。

【关键词】民生微实事;民主协商;公众参与

一、背景情况

2015年2月27日,在中央全面深化改革领导小组第十次会议上,习近平总书记提出,把改革方案的含金量充分展示出来,让人民群众有更多获得感。[①] 2018年10月24日,习近平总书记视察龙华区北站社区时强调要把更多资源、服务、管理放到社区,为居民提供精准化、精细化服务。为认真贯彻落实习近平总书记重要指示精神,在大力实施民生实事的基础上,深圳市委、市政府创新性推出了"民生微实事"项目,两者互为补充,形成了深圳市保障和改善民生,增进民生福祉的"惠民组合拳"。

深圳市委、市政府致力为民办实事,出台了系列政策和措施,让市民得到了看得见摸得着的实惠。近年来,深圳市每年均向社会公布并完成一定数量的民生实事,作为深圳集中力量补齐民生短板的有力举措,大量民生实事的实施为加快提升深圳民生事业发展水平作出了重大贡献,受到社会各界的广泛好评。

---

① 《习近平谈治国理政》第2卷,外文出版社2017年版,第102页。

在大力推广民生实事的基础上，考虑到民生实事重大项目投资大、历时长，为让广大市民更加切实地感受到身边的变化和实惠，深圳市委、市政府坚持需求导向、问题导向，在福田区、龙岗区先行探索实施"民生微实事"项目基础上，2015 年下半年印发了《关于印发全面推广实施民生微实事指导意见的通知》，创新性提出"民生微实事"概念并开始在全市范围内全面推行。"民生微实事"作为民生实事的重要补充，于"微"处着笔，特色鲜明，即以居民需求为导向，着重解决社区群众身边的小事、急事、难事，并明确不把政府职能部门、物业等社会主体职责范围内的常规性项目纳入民生微实事实施范围，而是专门针对以往有所忽略而又贴近居民需求的小微项目，主要分为社区工程类、服务类、货物类三大类项目。其中，服务类、货物类项目单项资金原则上不超过 50 万元，工程类项目单项资金原则上不超过 100 万元（具体单项资金由各区根据辖区实际予以规定）。工程类项目主要包括如社区道路、社区绿化、社区场地等，货物类项目主要包括如安全器材、健身器材、便民设施、宣传设施等，服务类项目主要包括教育培训、群众活动、卫生健康、志愿服务、社区宣传等，受益人群涵盖社区党员、老年人、青少年、残疾人、妇女、儿童、青少年、优抚对象、药物滥用者、社区矫正人员、低保及特困人员和来深建设者、社区居民等，项目虽小但类别和数量众多、特点突出、覆盖面广，从而满足了社区居民多元化、个性化的服务诉求，解决了大量备受社区居民关注的实际问题。在项目推进路径设计方面，"民生微实事"把传统的"自上而下""政府点菜配菜"模式转变为"自下而上""居民点菜政府配菜"模式，项目需求由居民提，项目决定由居民议，项目成效由居民评，真正实现了社区居民"我的实事我做主"。在资金保障方面，市、区两级财政按照1：1的比例，每年为每个社区平均提供200万元"民生微实事"资金。

自2015年底深圳市全面推广实施"民生微实事"项目以来，截至2020年第二季度，全市累计实施"民生微实事"项目5.74万件，其中工程类项目1.41万件，占比24.56%；服务类项目3.77万件，占比65.68%；货物类项目0.56万件，占比9.76%。累计投入财政资金60.61亿元。大量"民生微实事"项目实施的背后，是党委政府对社区居民一件件小急难事的及时有效回应，是对"民有所呼、我有所应；民有所求、我有所为"的生动实践。近两年，"民生微实事"先后获得第五届南都街坊口碑榜"年度市民致敬大奖"和南方日报社颁发的"2018深圳改革民心奖"。另外，2018年5月市民政局委托第三方开展了对"民生微实事"的网络投票，全市共13471人参与投票，认为"民生微实事"实施效果较好和非常好的为86.05%，认为需要和非常需要继续开展"民生微实事"项目的为95.03%。从投票结果来看，绝大部分居民对"民生微实事"项目持肯定态度。

二、主要做法

（一）强化顶层设计，完善制度建设

2015年9月，市政府办公厅印发《全面推广实施民生微实事指导意见》，鼓励各区以群众点菜、政府提供服务的方式开展"民生微实事"项目，快速解决社区居民身边的小事、急事、难事。市委组织部、市民政局作为"民生微实事"工作的统筹指导部门，为规范"民生微实事"的实施和管理，近年来先后制定出台了《深圳市全面实施民生微实事项目工作指引》《深圳市民生微实事服务类项目库管理办法》《社区"民生微实事"实施工作

规程》等制度文件。2019 年 2 月，市委办公厅、市政府办公厅印发《关于进一步加强和规范"民生微实事"工作的指导意见》，从总体要求、实施规范、工作保障等多方面进一步强化"民生微实事"工作的规范化运行。如进一步明确了市、区、街、社区各级责任，市委组织部、市民政局、市财政局为全市"民生微实事"工作统筹指导责任主体，负责制定实施规程，建立和管理市级服务类项目库，加强督导检查等；各区组织、民政、财政部门为辖区"民生微实事"工作的组织协调责任主体，会同区有关部门负责制定完善工作指引和项目负面清单，强化区级经费保障等；各街道党工委、办事处为"民生微实事"的实施管理责任主体，负责加强对社区"民生微实事"工作的指导监督，综合平衡社区拟报项目和工作实际统筹资金安排，依法依规做好项目备案和审计工作等；社区党委、居委会为"民生微实事"项目的具体实施主体，负责征集"民生微实事"项目需求，开展项目评议，根据项目评议情况、初步预算和年度资金安排，做好项目确定、备案并牵头组织实施等。为加强"民生微实事"资金管理，提升资金使用绩效，市委组织部、市民政局、市财政局起草了《关于加强"民生微实事"项目资金管理的若干措施》（征求意见稿，简称《若干措施》），市民政局制定印发了《"民生微实事"实施项目绩效评价通用标准与资料存档清单》等强化管理的措施。各区为进一步规范社区"民生微实事"工作开展，结合辖区实际制定出台了工作指引、资金管理办法、服务类项目库管理办法、项目负面清单等相关配套性文件，形成了各区（新区）不同的特色做法和亮点，在短期内解决了一大批社区急难问题，取得了显著成效。

（二）强化组织领导，凝聚共建合力

市、区高度重视"民生微实事"工作，市领导多次就"民生微实事"工作做出重要指示，市委组织部、市民政局、市财政局建立了"民生微实事"工作协商联动机制，不定期就"民生微实事"政策性文件制定、市级财政补贴申请等重大问题进行沟通协商。各区在区级层面进一步加强组织保障，各相关单位既分工又合作，凝聚了齐抓共管的合力。如大部分区都成立了以区领导为组长，区委组织部及区民政、财政、住建、城管等相关部门为成员单位的专责领导小组，通过定期或不定期召开"民生微实事"项目推进会等，及时了解各街道"民生微实事"工作进展情况，并对工作中遇到的困难、问题等集中研究解决。另外，各区还将"民生微实事"实施工作情况列入街道党工委书记、社区党委书记抓基层党建工作述职评议考核内容。

（三）强化居民问需，激发参与热情

"民生微实事"项目以居民需求为导向，确保每个项目来自最广泛居民的提议是"民生微实事"项目有效实施的前提和基础。各社区在利用社区公告栏、社区意见箱、社区家园网、微信公众号等媒介广泛征集居民需求的同时，还积极通过走访座谈、入户调查、问卷调查、网上征集等多种形式主动问需于民，不断拓宽项目需求征集渠道。在项目征集上，光明区由各社区党委牵头，居委会参与，深入社区开展"民生微实事"居民需求调研，广泛征集基层需求及难点问题，对征集到的项目进行初步审核、筛选、评审后及时报街道专责领导小组备案。坪山区积极邀请人大代表参与项目征集和筛选，设计开发相应"民生微实事"项目，落实人大代表提出的民生需求，2019年全区共组织召开53场专项民生议政会，从项目征集到项目验收，人大代表全程参与，以"民生微实事"立办制为抓手，不仅做好群众代言人，向政府反映民情，更主动为民解难题、办实事。另外，在工程类项目征集方面，相关区还积极探索将社区主动排查发现的问题与居民反映的意见建议相结合的办理机制。宝安区将街道社区排查城中村、社区等发现的突出问题及时告知社区居民，广泛征集居民对发现问题的处理意见和建议，最终形成可操作的"民生微实事"项目，在解决问题的同时也提升了社区居民家园共建的主人翁意识。

（四）强化宣传推广，打造"民微"品牌

各区通过"线上+线下""传统媒体+新媒体"等多种媒介广泛宣传"民生微实事"，居民知晓率与参与率不断提升，"民生微实事"品牌效应不断凸显。如各区在充分利用报纸、电视、网络、微信公众号、公示栏等广泛宣传"民生微实事"的同时，部分区还设计了"民生微实事"专用 Logo，工程类项目以"立碑、树牌、镌刻、喷字"等方式在显眼位置进行标识。福田区首创"民生微实事公众体验日"，由社区党委牵头，邀请社会公众代表亲身体验"民生微实事"项目建设过程和实际成效，扩大民生效应，营造民主氛围。自 2017 年开展活动以来，福田区近 3000 名公众代表全方位、全领域、近距离地参与体验，赢得了居民的一致好评。盐田区利用全市邻里节主会场契机大力宣传"民生微实事"，辖区各街道、社区也通过议事厅、文艺展演等形式积极推广"民生微实事"，广泛发动居民参与，不断扩大"民生微实事"影响力。

（五）强化监督管理，规范项目运行

全市构建起市、区抽查，街道普查，社区自查，社会监督的综合督查机制。市民政局每年委托第三方机构开展全市项目抽检绩效评价，每年抽检超过全市 70%以上的社区，抽检项目类型涵盖工程、货物、服务三大类，对抽检发现的问题及时指导督导各区落实整改。另外，市委组织部、市民政局、市财政局正在研究制定的《若干措施》，鼓励和支持各区建立"民生微实事"项目负面清单和黑名单制度等。各区在认真做好项目抽检、审计等常规监管动作的同时，积极创新监督管理手段，确保项目规范化运行。福田区委托第三方评估机构，通过居民评议、社会评议和专家评议等方式，组织各方代表对"民生微实事"项目实施情况进行公众满意度测评。龙岗区积极实行"规范指引+警示教育+严肃查处+社会监管"组合拳，出台《龙岗区社区民生微实事·大盆菜（夕阳红）工程类项目发包指引》，指导各街道对工程类项目进行严格把关，确保招标质量。召开"民生微事实"巡视整改警示教育专题会议，通报存在的问题和违纪案例，区纪委监委对存在违法违规行为的相关人员进行了立案查处，进一步严明纪律。各街道组建"民生微实事"义务监督员队伍，每个街道不少于11人，由各社区推荐1~2名义务监督员组成，组成范围包括"两代表一委员"、居民代表、业委会成员等，让义务监督员参与监管项目实施全过程，建立"双随机、一公开"监管模式，加大对项目实施的评估评价。龙华区建立了全方位、立体化的实时监督机制，为全区6个街道各配备2名专职观察员，赋予观察员通过列席居民议事会、查看项目公示情况等方式核实项目是否由社区居民评议和点选；查看施工现场，核实项目立项真实性和必要性；监督项目三方比价、实施方资质审核、资金支付及项目质量等职能。观察员及时跟进项目各环节，实现了全流程的闭环监管。

（六）强化信息化运用，提升精准化服务水平

近年来，市委组织部、市民政局在大力推进"智慧党建"、社区家园网等网络平台建设的同时，积极嵌入"民生微实事"版块内容，为"民生微实事"的信息化建设做出了有益探索。另外，市民政局目前正在推进的"智慧民政"信息系统建设，"民

生微实事"信息化运用将是系统建设的重要内容之一。各区也积极运用"互联网+"思维，依托辖区各类官方微信号等探索"民生微实事""网上提议、网上办理"新路径，努力实现让数据多跑路、居民少跑腿。南山区结合"智慧南山"项目，依托互联网、大数据等高新技术优势，搭建"民生微实事"应用管理平台，实现项目征集、遴选、审批、实施、评估和监督等流程电子化，居民可通过关注"微实事大超市"微信公众号，线上提交项目需求或选择项目库项目等，真正实现了"民生微实事"项目全程线上办理。项目实施前，通过信息化手段，将项目内容、经费、服务人群及效益等因素进行交叉比对、统计测算，进一步提升项目的科学性和合理性。另外，通过平台数据的不断累积，逐步形成了民生服务大数据，通过对服务数据和居民定位的大数据分析，形成全区服务需求的可视化地图，提升了服务辖区居民的精准化、精细化水平。罗湖区推行"民生微实事"项目智慧化管理，依托罗湖区数字政府一级平台，开发"民生微实事"OA系统模块，包括主页、项目申报、项目审批、项目查询、项目实施和数据统计查询7个功能模块和18个子模块以及预警提醒功能，覆盖"民生微实事"项目线上全流程管理，打造项目在线流转留痕的生产线。同时编印《罗湖区数字政府一级平台民生微实事系统操作使用指南》，规范了工作程序，提高了工作效率。

（七）强化项目库建设，对接居民高层次需求

为解决服务类项目缺乏标准、项目同质化严重、部分项目质量不高等问题，更好满足社区居民的服务需求，市民政局于2016年6月出台了《深圳市民生微实事服务类项目库管理暂行办法》（2019年修订形成《深圳市民生微实事服务类项目库管理办法》），着手开展"市级民生微实事服务类项目库"建设（简称

"项目库")。通过日常征集、举办民生微实事好项目大赛等方式，截至目前，已成功向社会征集涵盖教育、科技、文化、卫生等重要领域，以及促进社区发展和增加社区公共福利等7批次共计120个优质服务类项目入库。同时，通过社区家园等平台积极向社区推介，由各社区根据居民需求进行点选。各区、部分街道也参照市级项目库的模式制定出台了相关管理办法，建立了区、街道级的民生微实事服务类项目库，筛选出一大批主题鲜明、形式新颖、内容丰富的优质服务类项目，满足了居民更高层次的服务需求。南山区每年举办"智惠民生"微实事大赛，在2019年的赛事中，创新性设置了10个赛区，分别为助老服务分赛区、青年服务分赛区，以及8个街道分赛区，体现"一街道一特色"，自下而上根据群众需求精选项目。项目涵盖科技、文化、养老、助弱等各个领域，满足各方需求，体现党的关怀。大鹏新区每年更新区民生微实事服务类项目库，大力提高服务类项目比重。项目实施以来，服务类项目大幅增长，由2018年的285个增加至2019年的371个，由原占项目总数的51.5%提高至69%。项目涵盖社区安全防护、社区关爱、文娱康乐、技能提升及教育、医疗卫生、公益及倡导等多方面内容，项目实施效果明显，提升了群众的生活幸福感。

三、经验启示

推进实施"民生微实事"项目，不仅提升了社区服务的精准化、精细化水平，还以此为切入口，把基层党建、政府职能转变和基层自治等工作有机结合起来，实现了社区服务由"政府配菜"向"百姓点菜"转变，社区事务由"为民作主"向"由民作主"转变，社区治理由"单一供给"向"多元参与"转变，充分激发了社区自治活力，为加强党的领导、创新社区治理模式、完善社区治理体系、提高基层治理能力、营造共建共治共享社会治理格局等方面作出了有益探索，主要体现在以下方面：

（一）为充分发挥社区党委领导核心作用提供了新载体、新抓手

没有"民生微实事"资金之前，社区由于缺少专项项目经费，难以及时、有效回应居民诉求。推广实施"民生微实事"之后，社区党委在靠前服务社区居民中有了重要载体和抓手。通过参与项目征集、评议等各环节，党员干部深入群众中体察民情、纾解民困，让党的声音及时在社区传递。借助"民生微实事"平台，社区党委通过为社区居民解决一件件具体的小事、急事、难事，不仅让社区居民得到了"看得见，摸得着"的实惠，更知道了惠从何来，社区党委真正成了社区居民的"主心骨""带头人"，树立了党的形象，密切了党群关系，夯实了党的执政根基，实现了党的工作和群众利益的高度统一。

（二）为及时有效适应居民需求建立了"民生微实事""马上办"新流程、新机制

以往有些民生项目审批和建设周期较长，在实施过程中也缺乏前期与居民沟通和征集遴选的机制，导致部分项目实施结果与群众需求和期望产生差距。而"民生微实事"项目则实现了流程再造、机制重建，呈现出"快""广""实"的项目特点。快：项目及资金等审批审核流程简化；广：广泛动员社会各方参与，两代表一委员、社区专职工作者、社区志愿者、社工、社区居民、社会组织、辖区企业等都在"民生微实事"平台上发挥着重要作用；实：自下而上确定及落实项目，解决了一大批困扰社区居民的小事、急事、难事。

（三）为在社区党委领导下依法有序开展居民自治协商等增添了新平台、新动能

一是作为基层群众性自治组织，居委会是"民生微实事"项目的具体实施主体之一，即在社区党委的统一领导和组织下，负责征集"民生微实事"项目需求，开展项目评议，同时，居委会还根据项目评议情况、初步预算和年度资金安排等做好项目确定、备案并组织实施。通过"民生微实事"平台，居委会的自治功能作用得到有效提升。二是以居民议事会为载体，将惠民项目的"遥控器"交到群众手中，推动社区居民自主商议、点选符合口味的民生项目，进一步打通了自下而上的社区自治路径，激发了社区居民参与社区事务的积极性与主动性。丰润社区为解决居民多样化休闲运动需求导致的场地纠纷，通过居民议事会自主协商社区"民生微实事"项目社区篮球场建设，经与会居民代表表决通过后将"社区篮球场"更名为"社区运动场"，并对篮球场和羽毛球场两块场地所占面积进行合理分配，有效平衡了各方需求。

（四）为改善社区软硬件环境和增进民生福祉等作出了新贡献、新成绩

"民生微实事"项目以加强基础设施、环境保护和基本公共服务等薄弱环节为切入点，一方面，大力实施工程类项目，有效改善了社区硬件环境，提升了社区整体面貌，增进了民生福祉，尤其原特区外因历史欠账等原因基础设施建设较为落后，大量"民生微实事"工程类项目的实施逐渐为其补齐了基础设施短板。如布心社区新屋园布尾村口环境提升工程。新屋园布尾村口混凝土地面破损，植树树池、人行道路面等脏乱差，严重影响社区居民生活环境和城市形象。改造后的新屋园布尾村口整体环境得到有效提升，得到了辖区居民的一致好评。沙埔社区龙兴居民小组老围排水渠修缮工程。龙兴居民小组老围排水渠是老围的主要排水系统，因年久失修，出现了水渠盖板破损、沟内堵塞严重、多雨天气严重积水、蚊虫滋生等一系列问题，严重影响了附近居民的生活，居民反映强烈。为切实解决居民群众反映的问题，沙壆社区实施了老围排水渠修缮民生微实事项目，通过拆除损坏盖板、挖沟槽、安装排水管、砖砌雨水进水井等，彻底解决了这一老大难问题，社区居民无不拍手称赞。另一方面，实施的服务类项目增进了居民科普、卫生等各方面知识，丰富了居民业余生活，提升了居民生活趣味，满足了精神文化需求等。如水围社区是一个典型的城中村，占地面积25万平方米，辖区人口有3万多人，共有房屋328栋，其中高层楼宇29栋、村民自建房299栋，临街店铺较多，消防设施严重不足，外来人员较多且缺少相应的消防知识，为提高城中村居民消防安全意识，提升辖区消防安全宣传和管理水平，水围社区通过民生微实事项目建立了多媒体形式的消防体验馆，并通过互动场景和技术设备进行模拟教学，向参观者展示城中村最常见的事故隐患和最重要的安全知识，使参与者能够深刻认识、亲身体验，提高对消防安全事故的预防与应急能力。消防体验馆每天接待并培训居民200多人，截至目前共培训9万余人次。章阁社区辖区内居民多是外来务工人员，其中部分是单身适龄青工，为解决单身青工择偶难题，社区将"玫瑰之约"活动纳入"民生微实事"项目中，通过开展形式活泼、贴近青工生活的交友活动，为单身青工创造了解沟通的平台，截至目前活动累计参与人数达1000余人，众多男女青工通过这个平台相识、相知甚至步入了婚姻殿堂，该项目受到青工们的一致好评。

【思考题】

1. 在解决公共服务最后一公里的问题上,"民生微实事"做出了哪些体制机制性的突破创新?

2. "民生微实事"在执政理念、动员机制、运作模式等方面的创新能为政府部门其他工作提供哪些借鉴?

3. "民生微实事"资金使用过程中如何把握效率与监督管理的平衡性问题,不同小区、不同社区、不同街道、不同区之间"民生微实事"项目实施的公平性问题?

为提升党组织组织力插上"隐形翅膀"

——以"深圳智慧党建"系统建设的率先示范为例

中共广东省委党校(广东行政学院) 吴记峰

中共深圳市委党校(深圳行政学院) 张磊①

【引言】习近平总书记在深圳经济特区建立四十周年庆祝大会上指出,要深入贯彻新时代党的建设总要求,以改革创新精神在加强党的全面领导和党的建设方面率先示范,扩大基层党的组织覆盖和工作覆盖。②而当今世界,谁掌握了互联网,谁就掌握了时代主动权;谁轻视了互联网,谁就会被时代所抛弃。互联网时代,一方面,党组织的全覆盖和强大的组织力这个党最大的优势遇到了前所未有的挑战;另一方面,互联网技术和互联网思维也为严密党的组织体系、提升组织力提供了"新的装备"和"隐形翅膀"。

【摘要】党的力量来自组织,党的全面领导、党的全部工作

---

① 吴记峰为中共广东省委党校党的建设教研部副教授;张磊为中共深圳市委党校党史党建教研部教授。

② 习近平:《在深圳经济特区建立 40 周年庆祝大会上的讲话》,人民出版社 2020 年版,第 13 页。

要靠党的坚强组织体系去实现。严密的组织体系，是马克思主义政党的优势所在、力量所在。当今时代，以信息技术为核心的新一轮科技革命正在孕育兴起，互联网日益成为驱动经济社会发展的先导力量，深刻改变着人们的思维、生产、生活、学习方式。同时，信息技术也为我们开展各项工作提供了强大武器，帮助我们轻松完成以前完全无法想象的任务，极大提高了工作效率。对基层党建工作而言，建设"智慧党建"既是推动全面从严治党向基层延伸、全面提高新时代党建工作质量和精细化水平的内在需求，也是顺应时代发展趋势、回应党员群众期待的必要举措。深圳市委敏锐而深刻地认识到这一点，在全国较早开展"智慧党建"试点，并在总结试点经验的基础上于2018年建成启用"深圳智慧党建"系统，深圳城市基层党建正式进入"互联网"时代。具体而言，"深圳智慧党建"系统着力打造全面从严治党的工作平台，对全市3.9万个党组织和61.6万名党员实行扁平化联网管理，组织关系接转、组织生活、党费缴交、发展党员等全流程电子化规范化；着力打造与时俱进的党员教育平台，开设"新思想""新时代大讲堂"等栏目，党建资讯和学习内容动态日更，满足党员群众随时随地学习需求；着力打造联系服务党员群众的互动平台，有机联结全市"1+10+N"三级党群服务中心阵地网络，党员群众可实时查看所有活动、场地、服务并在线报名、预约，不断提升服务党员群众水平。2018年10月24日，习近平总书记视察龙华区北站社区党群服务中心，听取了"智慧党建"情况汇报，给予充分肯定。

【关键词】组织力；智慧党建；新的装备

一、背景情况

党的组织全覆盖和强大的组织力是中国共产党最大的组织优势，我们抓基层党建工作的本质，就是努力保持和增强这种优势。然而，这种优势在当下这样一个社会转型期却遇到了前所未有的挑战：一是深度市场化过程中，新的经济组织和社会组织大量涌现，很多组织的存在并没有以党的组织建立为前提，党的基层组织与社会各类组织之间出现了"位移"，出现了组织覆盖空白。即便是在单位性质的组织内，随着社会流动性的增强，党组织对员工的作用也出现了弱化趋势。二是在快速城镇化过程中，且人口流动了起来，社会呈现出一定差等化，动态的流量社会显然增加了将社会组织起来的难度。而且在流动过程中还融入了国际化元素，国际化程度越高，党组织组织社会的难度越大。三是在全面现代化过程中，人从传统小共同体走向大共同体，个人权利意识不断提升，个性不断张扬，社会日益分化，呈现出碎片化。四是在高度信息化过程中，信息化构建了庞大的虚拟互联网世界，更是带动大量群众特别是青年群体脱离现实社会、进入虚拟空间，组织的难度大大增加。总之，社会分化是现代化发展的必然，而党组织却是要将日益分散的社会重新组织起来，这自然就存在巨大的内在张力。深圳恰恰是走在了现代化最前列，并且要率先打造中国特色社会主义先行示范区和社会主义现代化强国的城市范例，完善党组织体系、提升组织力所面临的挑战也就越大。习近平总书记在深圳经济特区建立四十周年庆祝大会上指出，经济特区处于改革开放最前沿，加强党的全面领导和党的建设有着更高要求。要深入贯彻新时代党的建设总要求，以改革创新精神在加强党的全面领导和党的建设方面率先示范，扩大基层党的组织覆盖和工作覆盖。①

与此同时，互联网技术的发展为不断严密党组织体系、提升组织力提供了新的理念和新的装备。习近平总书记深刻指出，各级党委要高度重视信息化发展对党的建设的影响，做到网络发展到哪里，党的工作就覆盖到哪里，充分运用信息技术改进党员教育管理、提高群众工作水平，打好网络主动仗。② 全国城市基层党建工作经验交流座谈会对党建工作信息化做了专门部署，要求"推动现代网络信息技术在城市基层党建工作中的广泛运用，使党建工作富有时代气息，体现时代特色，充满时代活力"。深圳作为"最互联网"城市，35 岁以下党员占 46.2%，大专及以上学历党员占 88.2%，均高于全国 24.2%、50.7% 的平均水平，党员普遍流动性大、思想活跃、热衷网络生活，互联网发展对基层党建提出的问题挑战，深圳最先遇到也最为突出。运用网络信息技术搭建党组织与党员、党员与党员、党员与群众之间的线上桥梁，推动基层党建工作与时代发展同频共振，成为深圳基层党建必须面对的重要课题。对深圳而言，努力建好用好"深圳智慧党建"系统，不是锦上添花，而是雪中送炭。"智慧党建"应运而生。"深圳智慧党建"系统就是顺应时代发展趋势、回应城市基层党建挑战的重大举措。

深圳自 2004 年就取消了农村建制，实现了完全城市化，成为全国第一个也是截至目前唯一一个 100% 城市化的城市。率先走

---

① 习近平：《在深圳经济特区建立 40 周年庆祝大会上的讲话》，人民出版社 2020 年版，第 13 页。

② 《十七大以来重要文献选编》（下），中央文献出版社 2013 年版，第 690 页。

向深度城市化的深圳也率先面临基层党建的诸多问题和挑战，并在城市基层党建探索中走在了前列。而越是走在前列，对智慧党建系统建设的内在需求就越强烈。与此同时，深圳信息产业、信息技术的发展也走在全国前列，腾讯集团等互联网公司在引领国内信息技术发展的同时，也在互联网企业党建和互联网空间党建等方面进行了探索、积累了经验，为智慧党建系统的开发奠定了坚实的技术支撑。为此，深圳市委在认真学习习近平总书记重要讲话、重要指示批示精神，全力贯彻落实中组部关于城市基层党建特别是互联网党建的重要部署的过程中，立足自身实际统筹开发建设"深圳智慧党建"系统，推进基层党建传统优势与信息技术深度融合，着力构建党务、政务、服务有机融合的网络阵地，助推城市基层党建创新发展，在完善基层党组织体系、提升基层党组织组织力，进而夯实党在基层执政根基、强化党对基层全面领导方面取得了重要成效。2018年10月24日，习近平总书记视察龙华区北站社区党群服务中心，听取了"深圳智慧党建"系统建设情况的汇报，给予充分肯定。

二、主要做法

针对城市基层党建面临的新情况、新问题、新挑战，特别是在现代化、国际化城市中完善党组织体系、提升组织力的挑战，深圳市委从2013年起就在南山区开展"智慧党建"系统建设试点，是全国较早开展"智慧党建"探索的地方之一。2017年，市委组织部在总结试点经验的基础上，牵头开发建设"深圳智慧党建"系统，并于2018年6月正式建成启用，实现对全市基层党组织和党员的全覆盖、一网式、扁平化管理，信息化终端从上到下延伸到各个领域，从点到面发散到每个支部、每名党员，使上级部署要求"一插到底",基层党组织情况"直达机关",在很大程度上严密了党组织的组织体系,提升了组织力。

(一)创新理念,平台建设实效化

习近平总书记指出,要建立健全坚持和加强党的领导的组织体系、制度体系、工作机制,形成落实党的领导纵到底、横到边、全覆盖的工作格局。① "深圳智慧党建"的开发建设不是为了互联网党建而互联网党建,而是要通过智慧党建系统的开发串联全市3.9 万个党组织、1050 个党群服务中心以及 61.6 万名党员,为严密党组织体系、提升组织力插上"隐形翅膀"。由此,"深圳智慧党建"系统建设既坚持问题导向,又注重实践导向,还面向目标导向。"智慧党建"建设纳入全市基层党建工作整体布局统筹谋划,市委多次就建立全市统一的党员信息管理系统、不断提升基层党建工作信息化智能化水平提出明确要求,市委出台的《关于推进城市基层党建"标准+"模式的意见》对加快"智慧党建"系统建设作出具体部署,做到统一规划、统一标准、统一流程。

一是顶层设计突出系统性。坚持"一盘棋"思维,由市委组织部牵头统筹推进"智慧党建"项目建设,统一规划设计建设"智慧党建"系统,构建覆盖整个城市的信息集成、互联互通、开放共享的城市基层党建信息系统,避免了单独建设、重复建设形成信息孤岛、造成资源浪费。

二是功能设计突出前瞻性。按照"科学、合理,联通、共享,开放、智能,简便、实用"原则,采用"平台+应用"的架构设计,集成运用电子支付、人脸识别、大数据运算等最新技术

---

① 习近平:《论坚持党对一切工作的领导》,中央文献出版社 2019 年版,第 278 页。

成果，打造全市统一、信息共享的工作平台，既考虑当前实际，又为未来技术发展、功能拓展留出充足余地。

三是迭代升级突出实用性。从基层党建工作实际出发，建设期间集中召开需求对接会议18次，建成启用后注意了解基层在使用过程中遇到的问题和对系统的需求期待，建立系统意见反馈微信群，累计收集基层反馈的问题建议和需求500多条，及时对系统优化完善、迭代升级，真正让系统在实际工作中管用、党务干部受用、广大党员爱用。

（二）创新方式，系统开发交互化

"智慧党建"系统的开发，最重要的不是互联网的技术运用，而是互联网思维的创新。互联网互联互通、万物互联的新理念、新思维与城市基层党建理念相契合，与不断严密党组织体系、提升组织力时代要求相契合。"深圳智慧党建"系统的开发依托腾讯集团科研团队，回归信息技术的工具本质，坚持实用便捷的开发导向，不搞花架子，做到简单管理、简便使用。更为重要的是，市场化的开发特别是互联网科技公司的加入使得系统开发有了更为前沿的理论指导和更为强大的技术支撑。

一是建设"电脑端网站+手机端公众号"双服务终端。开发"三会一课"小程序，党务工作者可以用手机便捷发起"三会一课"、审批请假、补录签到，支持会议语音自动转为会议记录，原汁原味记录会议发言内容，一键转换为会议记录，同时将会议记录按照组织生活记录本模板生成电子版供党务工作者下载，解决了以往党务工作者会后还要在电脑端重复录入会议记录的问题，切实为基层减负。

二是充分发挥网络技术互动交流特性。打通微信生态，党员用户只需在个人中心一键绑定微信账号，即可实现微信快捷登录，群众用户无需注册账号,使用微信授权即可自动登录,无门槛报名活动、互动交流,大大降低用户使用门槛。系统所有业务均通过公众号消息推送给党员群众,只需轻轻一点即可进入相应业务详情页面,各项待办任务一目了然,轻松触达。新闻资讯、活动、投票、考试等各项内容均支持一键转发分享,使信息流扩展到微信群、朋友圈,快速激发用户线上互动,通过"键对键"拉近"面对面"。

三是利用信息技术为基层赋能。疫情防控期间,开发"战疫先锋"微信小程序,党员群众打破地域、行业、组织等界限,以"自组织"方式开展志愿服务,"去层级化"按需发起任务项目,"去中心化"即时传播组织信息,党员群众一键报名参加。坪山区优秀义工曾利平说:"以前我只能自己四处奔走寻找志愿服务项目,现在通过小程序就可以随时查找附近的招募信息,根据自己实际情况在线报名,还能直接在地图上点选,非常方便。"简便灵活的交互设计,点燃了党员群众的参与热情,上线5个月发布任务14万项,带动参与人数累计突破80万人次,有效撬动蕴藏在广大基层党员群众中的巨大组织力和行动力。

(三)创新机制,党员管理扁平化

"深圳智慧党建"系统以现代信息化技术实现互联互通,并在党员管理上"一插到底",实现了对全市3.9万个党组织、61.6万名党员的直接管理。换言之,就是运用信息技术实现了党组织和党员跨层级、扁平化管理,配合责任下沉、资源下沉、服务下沉、督导下沉等一系列措施,使得党的一切工作真正落实到每个支部、每名党员。

一是精准掌握党组织情况。变以前的结果管理为现在的过程控制,系统自动记录各支部组织生活的内容、时间、频次以及开展情况，并建立组织生活常态化制度化督导机制，对基层党组织换届选举、组织生活、党费收缴、发展党员等工作落实到位的亮"绿灯"，对即将超期的党支部亮"黄灯"，对长期落实不到位的亮"红灯"，通过技术手段提醒党组织及时补齐短板，规范组织生活。上级党组织可以通过查看亮灯情况，督促指导基层党组织更好落实各项工作任务。

二是精准开展党员管理。按照中组部统一标准建立党员数据库，系统实时记录每一名党员参加组织生活、开展学习、交纳党费等情况，充实数据库内容，并通过智能化数据统计转化为党员积分，结合作风、思想、能力等数据建构模型，对党员精准画像，提高党员干部管理教育的精准度。以往党员办理组织关系转接需要到各级党组织现场办理，转出党组织关系的只能靠介绍信回执来掌握党员是否已经完成接转，存在党员脱管流失的风险。"智慧党建"借助信息化手段，将市内组织关系转接从"现场"拓展到"线场"，实现全流程电子化，党员通过手机提出申请，系统自动生成转出党组织到转入党组织的全链条路径，各级党组织在线完成审批后自动流转到下一环节，每一个环节在系统中可查询、可追溯，确保党员流动不流失，已累计电子化转接党员 10.5 万人次。

三是精准发布通知指令。上级党组织可跨越组织层级，"点对点"向所属党员推送消息通知，将上级部署和学习内容直接送达每一名党员，有效缩短工作链条，提高工作效率。

（四）创新形式，学习教育精准化

习近平总书记指出，要坚持大抓基层的鲜明导向，持续整顿软弱涣散基层党的组织，有效实现党的组织和党的工作全覆盖，抓紧补齐基层党组织领导基层治理的各种短板，把各领域基层党组织建设成为实现党的领导的坚强战斗堡垒。①"深圳智慧党建"系统作为以移动终端和社交网络为基础的移动互联网,为党员教育提供了更便捷、更有效的传播媒介,并打造"全天候、开放化、菜单式"的在线教育平台,使党员干部学习内容更加丰富,满足党员群众随时随地的学习需求,增强党员教育的时代性。

一是内容上,开设"习近平新时代中国特色社会主义思想"、"不忘初心、牢记使命"主题教育等栏目,第一时间学习习近平总书记重要讲话、重要指示批示精神;党内法规文件"一网打尽",全面收集整理公开发布的党章规定和规范性文件,方便党员群众查阅;开设各区各系统"风采"栏目,根据重点工作任务,及时推出"先行示范区建设""疫情阻击战"等专栏,动态"日更"党建资讯信息,促进学习交流。截至目前累计发布各类新闻资讯1.4万条,每月约60万人次参与在线学习。

二是形式上,除传统文字资讯外,开设"新时代大讲堂"栏目,邀请专家学者、领导干部等解读习近平新时代中国特色社会主义思想,同步录制视频在线发布,截至目前已上传92期,累计15万人次在线观看;开设"线上党建书吧",提供免费读书和听书服务,提升党员学习体验;强化微信公众号内容运营,每周精选重点学习内容通过公众号推文向党员群众定向推送,精准触达每名党员,累计点击量超240万人次;结合重要时间节点推出线上特色活动,如2021年"七一"推出晒党龄、红色初心之旅等系列活动,党员群众可一键制作生成个人党龄海报、一键转发分享,在线游览深圳红色景点,接受红色文化教育,全网点击量超30万人次。

---

① 《习近平谈治国理政》第4卷,外文出版社2022年版,第504页。

三是效果上，开设"考一考"频道，先后推出"党的十九大精神""新党章""党支部工作条例""不忘初心、牢记使命"主题教育等专题考学，常态化设置"每日一测"微考学，各级党组织也可以自主发起考学，自定义考试主题、题型和题目数量等，及时检验党员学习成效。截至目前已有超500万人次参与在线考试，形成比学赶超的浓厚学习氛围。同时，系统对党员在线学习、评论、考学等情况自动积分，既引导鼓励党员参加在线学习，也为量化评价党员提供参考。

（五）创新流程，党务工作标准化

按照"业务规范、流程最优"的要求，全面梳理党内基本制度和工作规范，优化系统应用模块设计，整合业务信息，重塑业务流程，将日常党建工作从严从实的标准和要求嵌入系统流程，使"三会一课"、党费交纳等党务工作变得简明清晰，解决以往一些党组织党务工作不规范、不严谨的问题，把全面从严治党要求融入日常，提升党建工作标准化、规范化和专业化水平。比如，"三会一课"功能，市委组织部每季度通过系统发布《"三会一课"主题内容指引》，直接下达每一个基层党组织和每一名党员，在"三会一课"流程中嵌入"第一议题"必选项，规范组织、发起、签到、讨论、记录全流程，有效解决组织生活"不会过""过不好"的问题，累计通过系统发布会议43万场次。深圳市华威世纪科技公司市场部党支部书记刘乃铭说："说实话，过去我们也不是很懂怎么开好'三会一课'。现在有了'智慧党建'系统，我们每次开会前先看看《'三会一课'主题内容指引》要求怎么过、学什么，然后按照系统一步一步操作，这样就不会出现错步、跳步、漏步，组织生活自然就严谨规范了。"再比如，发展党员工作流程长、步骤多、要求严，时间节点复杂，一直是基层党务工作者最头疼的工作之一，有时党务工作者搞变通、走捷径，导致发展党员过程违规、程序错漏。系统将发展党员的5个环节、25个步骤分解转化为标准化工作流程，全过程系统智能提示并提供规范化模板，不满足前面的条件，无法进行后面的步骤，所有步骤完成后，系统同步生成永久保存的规范党员电子档案，切实提高发展党员工作质量。

（六）创新平台，党群服务常态化

基层党组织是政治组织，服务功能也是为政治功能服务的。基层党组织就是要平时做好服务功能，对群众有求必应、做好服务，关键时刻才能全覆盖，老百姓才能跟着党走。"深圳智慧党建"系统建设突出服务基层党组织的功能，线上应用和线下活动互为支撑、相融互促，为党在基层的服务功能发挥提供了新的平台。

一是打造线上党群服务"超市"。系统有机联结全市1050个党群服务中心阵地网络，线下每一个党群服务中心都在线上"营业"，所有活动、场地通过系统进行发布、展示，累计发布活动11.3万场次，开放场地5300多个，发布便民服务5600多个。党员群众可一键定位附近的党群服务中心或按需搜索，通过手机预约需要使用的场地或报名参加感兴趣的活动，大大拓展了各级党群服务中心的服务半径。对于感兴趣的党群服务中心，党员群众通过"关注"订阅，随时查询获取最新服务信息。龙华区北站社区党委副书记郑阳说："党群服务中心是党员的家，现在我们社区党委提供的所有服务事项全部通过'智慧党建'系统发布，举办活动都会通过微信第一时间推送消息到党员群众的手机上，让大家足不出户就能获取服务信息，非常便捷。"对于用户个性化需求，系统强化大数据分析功能，自动根据各中心开放时间、活动发布、场地容纳人数等智能推荐，帮助用户快速建立认知，实现需求和供给的快速匹配、精准对接。

二是打造党建版"大众点评"。建立党群服务中心评星定级机制，把打分评价的权利交给党员群众，激励各级党群服务中心提升服务水平，目前已评出五星级党群服务中心 361 个。在各级党群服务中心主页还建设了"民生微实事"模块，市民群众通过系统提交民意诉求，民生项目从需求征集、评议到立项、实施、公示，全流程向群众展示，接受群众监督，提高群众参与社区事务的便捷性和参与度。

三是打造线下"智慧党建"体验中心。按照"党建与科技互融共生"的设计理念，在市党群服务中心建设"1+6+2"党建体验馆。其中，"1"是"智慧党建"综合管理平台，"6"是指智慧魔方、红色之旅、党性体验、未来报道、明日之窗、梦想领航等 6 个立面式展项，"2"是指市民体验、知识测试等 2 个平面式展项。综合利用体感触控、VR 虚拟情景、人脸识别等互联网手段，让每个前来参观的党员群众参与其中，通过生动化、科技化的方式将党建理念植入党员群众心中，累计接待全国各地来访考察 120 多批次，党员群众来访 12 万人次。此外，平台还配套建设了远程监控和多方会议系统，10 个区级党群服务中心和 467 个社区党群服务中心近 2000 路信号统一汇集到市党群服务中心，实时掌握三级党群服务中心的开放、运营、使用情况，将一个个看似独立的中心站点联结起来，成为一张互联互动的网，实现"一盘棋联动、一张网指挥"。

三、经验启示

（一）智慧党建系统建设要坚持党的领导和人民至上相统一

江山就是人民，人民就是江山，中国共产党在现代国家建构中将国家政权扎根于人民之中。党组织组织社会，一是发挥党的独特组织优势，用好遍布基层各个领域的基层党组织；二是发挥党组织的整合社会功能，用好各类社会资源。由此，智慧党建系统建设一定要坚持党的领导和人民至上相统一，以万物互联思维和现代信息技术推动基层党建智能化、社会化，将相对封闭的党组织组织体系和更为开放的社会体系深度融合起来。

（二）智慧党建系统建设要坚持党建创新和技术革新相统一

党的组织全覆盖和强大的组织力是党最大的组织优势，新时代加强基层党建，本质上就是加强党的组织体系建设、提升党组织的组织力。更直白地讲，党建就是把社会组织起来，把人组织起来。而以移动终端和社交网络为基础的移动互联网的核心价值就是把社会上的人、组织、信息以极低的成本高效地连接起来，并让他们充分互动交流。因此，智慧党建系统建设不是锦上添花，而是雪中送炭。智慧党建系统建设不能为了信息化而信息化，不能搞花架子，而是要从党建创新的需求出发推动技术的革新、以技术层面的革新支撑党建创新。

（三）智慧党建系统建设要坚持问题导向和目标导向相统一

新时代抓基层党建工作，就是要充分激活基层各类党组织，实现组织功能、组织优势、组织力量最大化，提高基层党建整体效应，为社会主义现代化建设提供坚强组织保证。智慧党建系统首先要坚持问题导向，聚焦基层党建中的系列问题，如流动党员管理、党建工作标准化等问题，通过信息化手段解决过去许多想解决而解决不了的问题。与此同时，智慧党建系统还要坚持目标导向，从国家治理体系和治理能力现代化的高度思考智慧党建，从完善党组织体系、提升组织力进而夯实领导核心和中心支柱的角度谋划智慧党建。

（四）智慧党建系统建设要坚持政治功能和服务功能相统一

基层党组织首先是政治组织，政治功能是首要功能，服务功能也是为政治功能服务的。服务功能就是平时对老百姓有求必应、做好服务，政治功能就是关键时刻全覆盖，老百姓跟着党走。老百姓关键时刻一呼百应，在于平时有求必应。因此，智慧党建系统建设要注重政治功能和服务功能的统一，既服务于党建工作的便捷化，为基层党组织、党员服务群众提供技术支持；又立足提升组织力的要求，通过党性教育资源共享、党建优质课程直播等强化政治功能的发挥，在服务的过程中融入更多的政治元素。

（五）智慧党建系统建设要坚持互联技术和互联思维相统一

相对于互联网技术，互联网思维在智慧党建系统建设过程中更为重要。智慧党建中网络信息技术的运用要特别注重发挥网络的互动交流功能，进而通过把人深度连接起来、组织起来，形成共同体意识。换言之，智慧党建系统不能停留在信息、文件单向推送等这些简单功能上，而要充分利用网络的交互功能，如组织讨论、分享体验、民调投票等等。也只有将互联思维与互联技术充分结合起来，智慧党建系统才能推动党组织和党员学习、交流、活动的"互联网化"，进而破解基层党建中"两张皮"的问题，在完善组织体系和提升组织力方面发挥更大作用。

（六）智慧党建系统建设要坚持有形覆盖和有效覆盖相统一

党组织的全覆盖不是一句空话，表面的全覆盖容易，真正的全覆盖是作用的全覆盖。智慧党建系统最为重要的不在于"建"，而在于"转"；不在于"形"，而在于"效"。要从系统设计环节就注重实效性、实用性，系统运作中更是要与整个基层党建深度融合，并在整个城市基层党建和基层治理体系中发挥作用。深圳智慧党建的有效运转正是得益于将其与整个城市基层党建创新结合了起来、与整个基层党建实务结合了起来、与党群服务中心体系的运转结合了起来，进而实现了有形覆盖和有效覆盖的统一，让智慧党建系统真正地融入了整个城市基层党建。

【思考题】

1. "深圳智慧党建"系统建设过程中，"互联网+"与"+互联网"有什么不同，互联网技术与互联网思维如何相互支撑、相得益彰？

2. "深圳智慧党建"系统如何与城市基层党组织体系、"1+10+N"党群服务体系有机融合，在实现组织形态的战斗堡垒、物质形态的战斗堡垒、虚拟形态的战斗堡垒"三合一"的基础上进一步严密党的组织体系、提升组织力？

3. 信息化时代背景下，"深圳智慧党建"系统实现了什么，又有什么限度，如何进一步推进互联网空间党建，真正实现"群众都上了网，党组织也要上网，群众在网上，党的工作就要做到网上"？